Thomas Gsella
ICH ZAHL'S EUCH REIM

Neue politische Gedichte

Verlag Antje Kunstmann

INHALT

Vorwort 7

Menschen und Dinge 9

Tiere und Viren 131

Orte und Zeiten 171

Nachwort 221
Dank 226
Hinweise 227
Register 228

DIE LEUTE

Die jungen Leute reizen mich:
Ich find sie unausstehlich.
Sie posen und sie spreizen sich,
Als wär ihr Leben ewich.

Die mittelalten sind wie ich
Auf Jagd nach Ambiente.
Sie knechten schlichtweg widerlich
Vor Lohn und Haus und Rente.

Die alten nur befreien sich
Und schwärmen von den Jahren,
Als sie noch schlichtweg widerlich
Und unausstehlich waren.

MENSCHEN UND DINGE

ALPHABETEN

Lesen sei was wahrhaft Gutes,
Lernte man, und eben drum
Lernte man's und kann und tut es,
Denn die andern bleiben dumm.

Aber in verkehrten Zeiten
Stirbt die Rose, die man gießt;
Und das Gute tauscht die Seiten;
Und ein Leser, der nur liest
Das Getwitter und Getrümmer
Trumps und Höckes oder wo:

Dieser Alphabet ist dümmer
Als der dümmste An-. Chapeau!

WAHLEMPFEHLUNG

Die da alles laufen lassen,
Als wär alles gut, und die,
Die sich gerne kaufen lassen,
Sind vielleicht nicht gut für Sie.

Die mit offenbaren Meisen
Und die Lauten: eher nicht.
Besser sind die eher Leisen,
Die mit Falten im Gesicht.

Der Profit hat Interessen,
Süßer riecht der Blütenduft.
Soll die Menschheit morgen essen,
Braucht sie heute Atemluft.

Alter kann so viel wie Jugend.
Hass ist nicht, was Liebe meint.
Menschlichkeit ist eine Tugend,
Über die der Teufel weint.

EINSPRUCH!

Der König mag die Knechte dumm.
Er stillt sie mit Getöse
Und schickt Verdummungen herum.
Jetzt neu: »Der Hass« sei böse.

Mein Hass ist gut und quietschgesund.
Ich hasse die Faschisten,
Die Kriegsherrn und Rassisten und
Die Antifeministen,
Ich hasse die Bigotterie,
Ich hasse Menschenhasser,
Ich hasse braunes Pack und die
Flüchtendensterbenlasser,
Ich hasse Mord und Bosheit: Sie
Vernichten Herzensgüte.

Da soll ich nicht mehr hassen, wie?
Kommt gar nicht in die Tüte.

MEINE MEINUNG

Ich weiß nicht viel, jedoch genug,
So ist mein Wissensdurst gestillt.
Ich bin gefeit vor Lug und Trug:
Ich bin im Bild.

Und immer wieder hinzusehn,
Ist Unsinn und vertane Zeit.
Ich muss nicht in die Tiefe gehn:
Ich weiß Bescheid.

Und werde ich auch ausgelacht,
Und ist mein Argument auch schlecht
Und deines gut und klug bedacht:
Ich habe recht.

DIE EINIGEN

A: »Ein Reicher, der das Essen teilt
Mit mir und andern Armen ...«

B: »Ich teile nicht. Dein Reicher weilt
Bald selbst nicht mehr im Warmen.
Nur dickstes Fell hält Kälte fern!«

A: »Ein Haus macht alle wärmer.«

B: »Doch ohne euren Hunger wär'n
Bald auch wir Satten ärmer!«

A: »Es gibt genug.«

B: »Und bei dir piept's
Zum Edelsteinerweichen.
Nur dank euch Superarmen gibt's ...«

B+A: » ... die Superreichen!«

NICHTSTUER UND WASTUER

Schäden entstehen, sobald wer was tut.
Nichtstuer können nicht schaden.
Wastuer machen Planeten kaputt,
Nichtstuer schonen den Laden.

Nichtstuer gucken herum in der Welt,
Wastuer starren auf Ziele.
Nichtstuer sind viel zu schnell aufgezählt,
Wastuer gibt's viel zu viele.

Nichtstuer machen nichts, nicht mal das Nichts.
(Nichts ist ja auch so was Großes.)
Nichtstuer sind wie der Schatten des Lichts:
Zwanglos. Nur da. Etwas Bloßes.

Liegen bloß da. Und da atmen sie ein ...
Aus ... wieder ein ... schlichtes Leben.
Müssen es denn vier Zeilen sein? – Eben.

LETZTES ANGEBOT

Die Hohenzollern möchten gern
In unsern Schlössern wohnen.
Zwar könnten uns die feisten Herrn
Mit derlei Spuk verschonen;

Zwar sind sie immer viel zu laut
Und sollten immer schweigen:
Sie haben Hitler aufgebaut.
Doch soll man Nachsicht zeigen!

Ein jeder Mensch braucht einen Ort,
Und Seelen brauchen Frieden.
Frei wäre dieses Hüttchen dort.
Der Hund ist jüngst verschieden.

GENDERN

Warum muss sich alles immer
Immer alles ändern?
Alles macht das immer schlimmer.
Jüngstes Beispiel: Gendern.

Sportler* (Sternchen) _ (Unterstrich)
Innen: Sportler*_innen:
Meiner Treu! Das reimt sich nich'!
Nicht mal auf »gewinnen«.

Auch »Studenten«: aus der Traum!
Heute sind's »Studierende«.
Doch studierend war ich kaum;
Ich hieß »der Pausierende«.

Mir als Kenner*_in, nein: Kenner
Könnt ihr also trauen:
Schreib ich Herren, Chefs und Männer,
Mein' ich auch die Frauen.

APROPOS, STUDIERENDE!

WIR waren ja mal super drauf,
Links, radikal und hammertough
Mit Hair und Shit und Dutschke auf
Den Barrikaden! Sit-ins! RAF!

Und IHR so heute? Superzahm.
Ihr macht zehntausend Master und
Statt Umsturz Obst mit Biorahm
Und wollt rein nix als Zaster und –

Was sagt ihr da? Ich kenn euch nich'?
Ich oller Boomersack? Na denn:
Beweist es mir! Enteignet mich!
Nein, besser jemand anderen!

Postrevolutionäre Lyrik
FÜNF JAHRE NEUER WELTBIENENTAG

Außer Lüge war rein nichts dabei,
Weder Kopf noch Handundfuß noch Mitte.
In der falschen Welt lag er im Mai
Faul herum wie eine faule Quitte.
Der Agrarkapitalismus gab
Einen Scheiß aufs Bienenüberleben.
Eine nach der andern fiel und starb.
Gift versprach Profit. So war das eben.

Klöckner hieß seine Ministerin,
Tumbe Zugehfrau der Großmastschweine.
Doch an jenem Tage ging sie in
Den Berliner Wald. Sie war alleine
Und der achte Februar zu warm,
Viel zu warm: von maienschwerer Schwüle.
Eine Spitze stach in ihren Arm.
Und aus einer wurden viel zu viele.

Manchmal ist man wie ins Nichts gestellt.
Hundertschaften suchten sie mit Hunden,
Doch sie schien nicht länger auf der Welt:
Ihr Kadaver wurde nie gefunden.
Schwitzend sang die Bourgeoisie ihr Moll,
Während ein Prolet den Grund benannte:
»Hatten den Kanal wohl einfach voll«,
Sprach der Imker, der die Seinen kannte.

»Aggressiv sind meine Bienen nie,
Sondern gut und lieb und engelsmilde.
Doch die Klöckner führte gegen sie
Schlechtes Böses Grausamstes im Schilde.
Und aus diesen Klasseninteressen«,
Gab der Imker klug den Commissaire,
»Hamse die vermutlich aufgefressen.
Ganz als ob der Umsturz schmackhaft wär.«

Dies erwägend, gleich nach dem Finale,
Welches ausging, wie die Welt es mag,
Schlug die Neue Internationale
Diesen Tag zum Neuen Bienentag.

DIE BURKADEBATTE

Ich mag es nicht, wenn Frauen sich verschleiern,
Weil's frommen Herrn und Meistern so beliebt.
Ich mag es nicht, wenn wegen Ostereiern
Es keine säkularen Eier gibt.

Ich mag es nicht, wenn dicke Leute schwitzen
In T-Shirts mit der Aufschrift »Burger King«.
Ich mag es nicht, wenn Nadeln Buntes ritzen
In Leute, die sich blass fühln. Nicht mein Ding,

Wenn kleine Gärten große Fahnen hissen:
Der König sieht das nicht. Der wohnt im Park.
Ich mag es nicht, dass Schwache glauben müssen,
Das Zeichen ihrer Knechtschaft mache stark.

Ich mag es nicht, dass Menschen sich dem fügen,
Das sie in Dummheit hält und Unfreiheit.
Ich hasse es, wenn falsche Zungen lügen,
Es gehe nicht um Fremdenfeindlichkeit.

AN EUCH DA OBEN

Wenn wir Menschen zu euch beten,
Sei es einzeln, sei's im Chor,
Kommt ihr Götter und Propheten
Euch vermutlich göttlich vor.

Eurem Ego mag's entsprechen.
Aber manche beten Hass.
Und sie köpfen und sie stechen.
Ihr da oben: Tut halt was!

Auch euch schaden solche Szenen!
Doch sie müssten gar nicht sein.
Steckt halt mal zumindest denen,
Dass es euch nicht gibt, ja? Fein.

ANDERERSEITS:

An euch, die ihr die Logik liebt:
Der zulässt, dass es ihn nicht gibt,
Was wär das für ein Gott?

So gibt es ihn. Da guckt ihr dumm.
Und wer's nicht glaubt, den bringt er um.
Denn Gott ist ein Schafott.

Und ein Schafott, das schneidet gut.
Einst tränkte es mit Heidenblut
Kreuzfahrende Mordschristen.

Heut trennt es neues Fleisch entzwei,
Denn welches, ist ihm einerlei:
Gott tränkt auch Islamisten.

THOMAS KEMMERICH (AFDP THÜRINGEN)

Heut ist mein Kopf so dämmerig:
Er schnallt nix. Er erfasst nicht:
Was reimt sich bloß auf Kemmerich?
Integrität? Nö, passt nicht.

Auch Tugend reimt sich ja nicht recht
Auf Kemmerich. Stolz? Sitte?
Moral und Anstand? Alles schlecht.
Ein Reimwort, bittebitte!

Der Stürmer Lothar Emmerich?
Nein, auch nicht. Der war klasse.
Doch Kemmerich ist jemmerlich –
Da isses! Hoch die Tasse!

ANGESICHTS DER ALIENS
FÜR DEMAGOGIE (AFD): LEICHT BLEIBEN!

Wiegst du Freude gegen Leiden, dann erfährste:
Das viel Leichtere der beiden ist das erste.

Nur das Leichte macht uns luftig. Wie ein Fächer.
Schwere macht das Leben schuftig. Ein Verbrecher.

Leicht erhebt es zwar den Dichter, wenn sich fügen
Diese hässlichen Gesichter zu den Lügen,

Diese Tweeds aus braunen Zwirnen, die sie tragen,
Zu den stinkefaulen Birnen, die nicht fragen,

Die nicht leuchten und nicht denken, die nur hetzen
In semantisch ungelenken krummen Sätzen

Aus rassistischem Gepöbel und Getöse
Faul wie faule Kellermöbel, faul und böse –

Leicht erhebt es zwar den Dichter. Freilich kurz.
Denn schon drückt ihn das Gelichter. Wie ein Furz.

Doch dann heben ihn zwei Flügel in die Luft!
Über Täler, über Hügel, und er ruft:

»Wie wird das Leichte schwer gemacht,
Wenn Schwere es vermiest,
Weil rappeldümmste Niedertracht
Sich in Parteiform gießt!
Doch Güllefliegen scheucht man fort,
Und Fürze lässt man raus!«

Da ruft die Leichtigkeit: »Mein Wort!
Kommt, lachen wir sie aus!«

RECHTSPOPULISTEN
An Theken zu singen

Rechtspopulisten gibt es nicht
Ein Käfig ist kein Heim
Das Wort vernebelt Hirn und Sicht
Wer's sagt, ging auf den Leim

Denn sie treten auf die Schwächsten
Denn sie kürzen Lohn und Brot
Denn sie hassen deine Nächsten
Und bald schlagen sie sie tot

Sie tun nichts Rechtes, sie sind schlecht
Getarnte Volksverhetzer
Volksfern und link und ganz in echt
Nur Menschenrechtsverletzer

Doch wir lassen uns nicht treten
Denn wir sind noch ganz bei Trost
Und so lasst uns trinkend beten:
Teufel, hol sie! – Danke, prost!

WEG MIT DIE DA OBEN!

Zwischen heißen Tagen und den kalten,
Viel zu kalten Tagen ohne Licht
Kann sich Frühling nicht mehr recht entfalten,
Seit der Herbst in diese Lücke sticht.

Zwischen armen Leuten und den reichen,
Viel zu reichen Leuten gibt es schlicht
Keine mehr, die nicht den armen gleichen.
Früher nannte man sie Mittelschicht.

Zwischen feiner Prosa und der groben,
Viel zu groben Prosa gibt es nicht
Eine namens »Weg mit die da oben!«.
Aber immerhin nun dies Gedicht.

DIE GRÜNEN

Sie sind seit Monden obenauf,
Denn grün sind Gras und Bäume.
Sie haben einen guten Lauf
Sowie zwei schlechte Träume:

Hartz IV ist auch ein grünes Wort.
Mit Tricks aus faulen Kisten
Begrünte Grün den NATO-Mord
An Belgrads Zivilisten.

War beides nicht so super, klar.
Grün heißt: der Wahrheit huldigen!
Und sich bei Opfern, hier wie da,
Vielleicht einmal – entschuldigen?

SYSTEM ERROR

Weil sie ganztags tun und taugen,
Legen sie sich nachts zur Ruh,
Und so fallen nebst zwei Augen
Nachts auch beide Ohren zu.

Das Gehirn kann lange denken,
Aber irgendwann ist Schluss,
Und dann mag es sich verrenken,
Wie es will: Heraus kommt Stuss.

Arme tragen Lebenslasten
Und die Beine Kopf und Bauch.
Füße müssen gleichfalls rasten,
Hände, Hals und Rücken auch.

Und so trifft Erschöpfung jeden
Körperteil? Nicht jeden, nein.
Ewig kann der Lügner reden
Und die Blödfrau und das Schwein.

Nach dem Joggen brennt die Lunge,
Und das Herz rennt wie besiegt.
Wirklich doof, dass grad die Zunge
Niemals Muskelkater kriegt.

DER TYPISCHE THUNBERG-BESCHIMPFER PACKT AUS

»Was die für große Reden hält!
Da ist die viel zu klein für!
Die weiß doch gar nix von der Welt!
Da wett ich Mark und Bein für.

Ich glaub der frechen Göre nicht.
Das alles ist Verschwörung.
Zwar ist mein Hirn ein kleines Licht,
Doch groß ist seine Störung:

Ich denk nicht gern, ich les nicht gern,
Ich pfeif auf Argumente.
Es gehen grad bei schlichten Herrn
Die Köpfe früh in Rente.

Die Göre muss mal wer bumbum,
Das weist sie in die Schranke –
Ich bin halt untenrum so dumm
Wie in der Birne!«

Danke.

CHRISTIAN LINDNER (LAIE, FDP)

»Überlassen wir das Klima«,
Sagte Lindner, »doch den Profis!«,
Weil er weiß, und das ist prima,
Dass ein Laie halt zu doof is':

Für die Kinder, die begreifen,
Während andere nur maulen;
Für Erkenntnisse, die reifen,
Während andere nur faulen.

Wenn die Rübe auch verpennt is'
Und geschrumpft zum Mini-Rübchen:
Manchmal leuchtet Selbsterkenntnis
Auch im kleinsten Oberstübchen.

DER FDP-WÄHLER

Sie weiß es immer noch genau.
Sie hatte, so erzählt die Frau,
Mal eine Freundin, deren Sohn
Vor vielen vielen Jahren schon
Gelesen hatte, dass ein Mann
Erst einer Metzgerin und dann
Dem Pfarrer anvertraute, dass –
Denn derlei sei ja halt kein Spaß –
Er jemand kenne, einen Fritz,
Der habe, nein, das sei kein Witz,
Erschrocken und zutiefst verstört
Von einem namens Jens gehört,
Der habe, sagt die Frau gequält,
Schon einmal FDP gewählt.

DER APOTHEKER

Das Duo Wind & Wetter schwappt
Die Menschen zu den Pillen.
Hier ist die Lebenslust gekappt,
Dort freut sich wer im Stillen.

Sein Alltag ist aus Not und Leid:
Er nimmt dein Geld und zerrt es
Mit letzter Kraft oft meterweit
Zu seiner Bank. Die mehrt es.

Nachts alpträumt er mit vollem Bauch
Von Bergen aus Kopeken.
O schweres Los! Drum gibt es auch
So wenig Apotheken.

OFFENER BRIEF AN DEN MITTELSTAND

Mittelstand, Mittelstand,
Dauernd heißt es »Mittelstand«!
Niemals »Unter-«, »Oberstand«,
Immer, immer »Mittelstand«!

Alle Macht im deutschen Land
Schlug der Bürger, wie bekannt,
Einst dem Adel aus der Hand.
Doch das Feuer scheint verbrannt:
Alles hatte keinen Zweck!
Denn die Stände sind nicht weg!
Einer herrscht frech, feist und keck
Zwischen München und Lübeck:

Mittelstand, Mittelstand!
Mit der CDU verwandt,
Mit dem Lindner Hand in Hand,
Allen Unglücks Unterpfand:
Immer strengst konservativ,
Lobbyistisch explosiv
Offensiv, ja aggressiv,
Deomarke: Muff & Mief –

Mittelstand! Mittelstand!
Stündlich kommst du angerannt!
Von der Tagesschau genannt,
Doofer Presse bestbekannt,
Nervlich immer angespannt,
Immer zorn- und wutentbrannt,
Von dir selber wie verrannt
Überzeugt und übermannt –

Mittelstand, ich kann nicht mehr!
Seelisch! Ich erkranke sehr!
Schweig auch du mal! Das wär fair!
Wie bitte? - Nein? - Danke sehr:
Also werd ich gleichfalls rau,
Hau dir deine Fresse blau,
Und dann geh ich in den Bau,
Piepegal, du blöde Sau.

SMARTPHONE-NUTZER

»Smartphone-Nutzer schauen niemals auf,
Sie sind blass und ihre Seelen süchtig.
Online wird das Offline-Leben nichtig,
Die Realwelt feiert Ausverkauf.

Smartphone-Nutzer surfen grabesstumm,
Und sie haben Smileys statt Gefühle.
Die da schweben durch virale Kühle,
Leben lieblos, und sie sterben dumm.

Denn sie lassen ihren Kopf zerstückeln,
Und ihr Herz wird sinnlos wie ein Kropf!«,
Maulen Fische, die da Herz und Kopf
Offline gerne in die »Bild« einwickeln.

OK: BOOMER

Wir sind so bauchig und ihr seid so sehnig,
Ihr seid noch jung, aber wir sind schon alt.
Wir sind so viele und ihr seid so wenig.
Ihr seid der Diener und wir sind der König:
Wir haben Urlaub und Lohn und Gehalt.

Wir sind die Bösen und ihr seid die Guten.
Wir haben Rente und Grundstück und Haus.
Wir trinken Blut und wir lassen euch bluten.
Wahrheit ist freilich auch euch zuzumuten,
Und die sieht mal wieder wie immer aus:

Wir sind geteilt in zwei Arten von Schweinen,
Arme und reiche, und ihr seid geteilt
Just in dieselben. So lasst uns vereinen,
Uns kluge Große mit euch dummen Kleinen,
Und eure Wunde, sie wäre geheilt ...

INFLUENCER

Es sah die Influencerin
Und sah den Influencer
Und rief: »So wahr ich Spencer bin!«
Der selige Bud Spencer
Und flog zurück vom Himmelszelt
Zum blausten der Gestirne
Und schlug den Werbetrotteln, gelt,
Mit Volldampf auf die Birne.

»Es kann auch neustes Lügwort nie
Vor alter Wahrheit schützen!«
So rief der Bud und haute sie
Final auf Kopf und Mützen.

BERATER

Sind Sie frech? Faul wie ein Schaf?
Und ein Geldverbrater?
Wenn ich Sie beraten darf:
Werden Sie Berater!

Zwei Millionen stündlich fix,
Die versprech ich Ihnen.
Was Sie machen müssen? Nix.
Außer Geld »verdienen«.

Deal? Okay, hähä! Na dann,
Und »na dann« heißt pronto:
Bitte vier Millionen an
Untenstehndes Konto.

DE12 3456 7891 0000 123456

NAHAUFFAHRER

Kennt ihr diese Leute (es sind Männer),
Die so gern an eurer Stelle wärn?
Kennt ihr diese Meute junger Penner,
Die auch dann nicht allzu helle wärn,
Würde man zehn Sonnen in sie stopfen?
Kennt ihr diese Esel, klug wie Hopfen
Und so freundlich wie ein nasser Sack?

Ja, ihr kennt dies mörderische Pack.
Ja, ihr kennt die höllisch blöden Fressen
Ihrer doofen Autos, die besessen
Sind von diesen Teufeln, baah, o Graus!
Doch es reicht. Beenden wir das Leiden!
Schleichen wir, bis sie vor Wut verscheiden!
Und dann sausen wir erlöst nach Haus.

ANDREAS SCHEUER

Nie getäuscht und nie gelogen,
Nie die Wahrheit krumm gebogen,
Nie den Anstand und die Ehre
Weggehängt für die Karriere,

Nie den Bundestag beschummelt,
Nie vertraglich rumgefummelt,
Nie getrickst mit falschen Zahlen,
Pausenlos mit Kannibalen

Kleine Kinder schmatzend ... Wie?
Hat er nie? Was sagen Sie?
Aber alles andere doch?
Prima! Andy lebe hoch:

Vorhang auf, Applaus, hier ister:
Scheuer, der Verkehrtminister!
Unser Mann am falschen Platz!

Wenn was war, dann sagt er, war nix,
Kann nicht viel (in Worten: gar nix),
Doch kriegt keinen vor den Latz.

Müsst zwar längst zurückgetreten
Worden und mit Dampfraketen
Auf den Mond geschossen sein.

Doch die Hexe Autolobby
Hält sich Andy halt als Hobby,
Knecht und Gollum. So ist's fein.

EINE KURZE GESCHICHTE DES LOBBYISMUS

Einst führten Schweineflüsterer
(Auf Hochdeutsch: Lobbyisten)
Die höchsten der Politiker
Auf ihren Nehmerlisten.

Das kostete viel Geld und Zeit,
Und manchmal gab es Pleiten.
Da warn sie's eines Tages leid
Und wechselten die Seiten.

So wurden manche Flüsterer,
Um Geld und Zeit zu sparen,
Selbst Kanzler und Ministerer
Und sind es nun seit Jahren
Und dürfen glatt und ölig sein –
Von selbst! Ganz ohne Schmierung!

So ging der Lobbyismus ein
Und auf: in der Regierung.

DER GESTÄNDIGE

Wie viel verdienst du, fragte er.
Tiptop, kein Grund zur Klage!
So sagte ich. Da sagte er:
Das war nicht meine Frage.

Da sagte ich: Mein Freund, nur zu,
Sag, was du fragen wolltest!
So sagte er: Ich frag, ob du
Dies alles nehmen solltest.

Er sah mir bohrend ins Gesicht.
Da sagte ich sehr leise:
So mancher Arsch verdient es nicht
Und kriegt es säckeweise.

CAROLA RACKETE

Namenswitze, unerlöste,
Leiden, bis sie jemand macht –
Du, Rackete, bist die größte,
Und dein Ziel war klug bedacht.

Flieg, Rackete, auf Salvini,
Ja, Atomrackete, flieg!
Itsy Bitsy Teenie Weenie
Chief Salvini in Aspik.

Nutz, Rackete, deine Gaben,
Spucke Feuer, Brand und Rauch!
Musst auch keine Sorge haben,
Carolandest weich: auf Bauch.

TÖTE MICH, MAMA
*Für die Afghanin Fahima, deren vier Kinder
die europäische Küstenwache ertrinken ließ*

Von Mördern mit Bärten zu Tode bedroht,
Floh die Familie in die Türkei.
Doch arbeits- und rechtlos ist man nicht frei,
Und Fahima stieg mit vier Kindern ins Boot.

Vor Griechenlands Küste ist es gesunken.
Sie sahn die Schiffe, die Schiffe sahn sie.
Statt eilig zu Hilfe kamen sie: nie.
Stundenlang haben sie schreiend gewunken.

Federn und Holz zieht ein Meer nicht hinab,
Doch sind für das Wasser die Kinder zu schwer.
»Töte mich, Mama, ich kann nicht mehr«,
Weinte ein Kind, und dann sank es und starb.

Eins nach dem anderen hat sie geboren.
Eins wie das andere hatte sie lieb.
Keins, das sie küssen kann, keins, das ihr blieb.
Eins nach dem anderen hat sie verloren.

Irgendwann war dieses Töten vorbei.
Irgendwer riss sie an Bord und ins Leben,
Riss sie, als hätte es vier nie gegeben,
Weg von den Kindern. - Die Täter sind frei.

Fahima, Mutter aus Tränen und Not.
Höllisch die Tage. Nachts legt sie sich nieder.
Und in ihren Träumen leben sie wieder.
Und wenn sie erwacht, sind sie tot.

WARUM SIE WIRKLICH ZU UNS KOMMEN

Weil sie gern in kleinen Booten
Über große Meere fahren,
Wissend unter sich die Toten,
Die in kleinen Booten waren;
Weil sie sich in nassen Fetzen
Gern von letzten Träumen trennen;

Weil sie Rüstungsfirmen schätzen,
Deren Waren sie schon kennen,
Und drum gern in Ländern wohnen,
Welche all die so agilen
Bomben bauen und die Drohnen,
Die auf ihre Dörfer fielen;

Weil es traulich und bequem ist,
Das Vertraute aufzugeben;
Weil es leicht und angenehm ist,
Irgendwo dahinzuleben
Ohne Mutter, ohne Sprache,
Ohne Freunde, ohne Lust;

Weil ihr Blut erst in der Lache
Ruhig wird und selbstbewusst;
Weil das Leben zu riskieren
Schön nach Thrill und Action riecht,
Wenn man nahe am Erfrieren
Über Balkanrouten kriecht:

Darum, sag ich lauten Munds,
Darum kommen sie zu uns!

GESTEUERTE ZUWANDERUNG

Guten Tag, ich zähle neun im Wasser,
Männer vier, drei Frauen, Säugling, Kind.
Schulz mein Name, Flüchtendereinlasser.
Es ist kalt, und dieser blöde Wind,
Darum frag ich schnell, woher Sie kommen:
Sind Sie Europäer? – Also nein.
Haben Sie an Kursen teilgenommen
Oder einen Facharbeiterschein?

Schade. Denn wir suchen Facharbeiter,
Kenntnisse in Deutsch, gut integriert.
Ja, ich weiß, Sie frieren, also weiter:
Wer von Ihnen fünfen hat studiert?

Negativ. – Kann jemand Fliesen legen?
Spargel stechen? Grade Hauptsaison ...
Hören Sie, Sie sollten sich bewegen.
Gestern sank wer aus dem Libanon,
Topmann, vor der allerletzten Frage.
Strampeln hilft. Herz hoffentlich gesund?
Oder nahmen Sie oft Krankentage? –
Negativ. Wär auch kein Rettungsgrund!

Letzte Chance: Gibt's starke Folterspuren?
Alle beide? Wow, so könnt es gehn.
Leider schleift das Wasser die Konturen ...
Schluss für heut! Mein Herr, auf Wiedersehn.

Postrevolutionäre Lyrik
DIE »UNSCHÖNEN WOCHEN«

Barbarei frohlockte vor dem Sieg,
Doch barbarisch war auch das Gewinnen:
In den Wochen nach dem Klassenkrieg,
Als die Rache aus den Gräbern stieg,
Wurden Sieger:innen Täter:innen.

Ein Minister war als Erster dran,
Später hat es andere getroffen.
Aug um Auge ging es, Zahn um Zahn,
Und es wurde Schlimmstes angetan,
Denn die Wunden waren rot und offen.

- Die Vertriebenen der falschen Welt
Sah man die erfrornen Fäuste heben.
Und ein kaltes Herz ward auserwählt,
So wie sie in einem dünnen Zelt
Einen Wintermond zu überleben.

Und der Frost, er traf ihn mit Gewalt,
Und im Schlafe bissen ihn die Ratten,
Und das Essen war verderbt und kalt
So wie einst, als Leben noch nicht galt.
Jemand kam, Seehofer zu bestatten.

- Aus den Billigländern spülte sie
Blanke Not in deutsche Schlachtfabriken.
Viele starben in der Pandemie.
Kaum ergriffen, sank er auf die Knie:
Blanker Hass entströmte ihren Blicken.

Seine Untat nahmen sie beim Wort.
Nachts lag er in lausig faulen Kammern,
Tags sah man ihn schlachten im Akkord.
Und ein Mörder wusste: Das ist Mord.
Erst im Tod verstummte Tönnies' Jammern.

- In den »Wochen« kamen manche um.
Wuchs ums »unschön« auch danach ein Streiten:
Hässlich war das Vorher. Und darum
Blüht in diesem »un« schon das Posthum:
Noch nicht so: so schön wie unsre Zeiten.

LUMPENSAMMLER

Dass sie kommen, wussten vor den Augen
Unsre Ohren, und zu ihrem Flöten
Trugen wir, die Kinder, mit Erröten
Bleiche Dinge, die zu nichts mehr taugen,
Aus den Kellern, Büschen und Garagen
Hin zu ihnen, die wie Kinder spielten,
Und wir warfen, wenn sie flötend hielten,
Mottenmäntel, kranke Kinderwagen
Auf den Laster, der bunt weiterfuhr.

Heute stapeln Lumpen sich im Haus.
Lumpensammler, sagt, wo seid ihr nur?
Kommt, holt eure Laster wieder raus
Und entsorgt sie rückstands- und gefahrlos,
All die Orbans, Trumps und Bolsonaros:
Nehmt sie mit und macht was Neues draus.

ALTERNATIVE I

Sie haben mehr als einen an der Waffel,
Doch weltweit stolpern Trumps von Sieg zu Sieg.
Das Schlachthaus präsentiert die neue Staffel:
Die Kälber wählen Brexit, Exit, Krieg.

Verarmt, verhetzt, so wollen sie nur eines:
Dass nichts so bleibt in ihrem Feindesland.
Sie wollen lieber als ihr Leben: keines
Und legen's reichen Hetzern in die Hand.

Die vollen Bäuche und die leeren Hände:
Solang dies ist, bleibt diese Welt verkehrt
Und geht, wenn sie so bleibt, unfrei zu Ende.
Nur Gleichheit macht die Freiheit wünschenswert.

ALTERNATIVE II

Ein Monster erfasste die Welt
Und frisst sie in rasender Schnelle:
Die Armen an Geist oder Geld,
Sie wählen mit Lust Kriminelle.

Sie wählen ein nachtschwarzes Pack
Aus Mördern, Rassisten und Paten.
Sie stecken sich selbst in den Sack
Und können den Stock kaum erwarten.

So liegt auf den Wahlen kein Glück.
Drum bitte ich, ganz altruistisch:
O Königtum, kehre zurück!
Doch anders: Sei voll feministisch
Und linksökologisch vom Besten!
Und weich sei dein Herz, weich und weit!

Dies würd, wie gesagt, ich gern testen.
Ich stünde als König bereit.

RESOLUTION DER SCHWARZEN IN TRUMPS US-MILITÄR
Frei nach Bertolt Brecht

In Erwägung eines Präsidenten
Aus Faschismus, Mordlust und Delir,
Dieses allerdümmsten der Regenten
Und barbarischsten erklären wir:

In Erwägung, dass wir schießen sollen
Auf die demonstrierenden Gerechten,
Haben wir beschlossen, nicht zu wollen,
Dass die Guten sterben für die Schlechten.

In Erwägung, dass uns Polizisten
Gestern mordeten und heute morden
Unterm Schutz des Obersten Rassisten,
Pfeifen wir auf ihn und seine Orden.

In Erwägung, dass wir die Gewehre
Lieber richten auf den großen Schuft,
Zielen wir, es ist uns eine Ehre,
Nun auf ihn und schießen: in die Luft?

WER DARF MICH ÜBERSETZEN?

Amanda Gorman trug was vor,
Die Welt sah zu und war ganz Ohr.
Doch wollt's wer übersetzen,
Die war nicht jung und war nicht schwarz
Und überhaupt. Die Welt verbat's:
Dies würd das Werk verletzen.

Ihr Übersetzer*innen all:
Ganz anders liegt bei mir der Fall!
Meins könnt ihr gerne nehmen!
Auch wenn's im Groben passen muss:
Ich fress kein Knoblauch, bin kein Russ,
Mein Haar muss ich nicht zähmen,

Denn kahl erstrahlt mein Weißgesicht
So rund als wie mein Augenlicht –
Wer könnt es also machen?
Der Gelbe nicht, der Rote nicht,
Der Franke und der Gote nicht
Und keine Schwulkasachen,

Denn ich bin cis und hetero
Und deutsch und alt und dick und so,
Da passt kein Jungtransdäne;
Auch keine dünne Käsköppin,
Nix lesbische Chineserin,
Kein Bipolarrumäne,

Kein Froschfresser, kein Alpensepp,
Mein Dichten ist kein Kind des RAP,
Auch bin ich kein Itaker,

Kein Pfeffersack aus Hamburg und
Kein Winzergeck aus dem Burgund,
Ich bin kein feiner Kacker:

Aus Essen bin ich von Geburt.
Mein Magen hat im Flöz geknurrt
Und Kohlenstaub gefressen.
Doch fuße ich im Kohlenpott
So wenig wie im Sumpf dein Gott:
Ich fuße nur in Essen.

In MEINEM Essen, klar, du Arsch?
Nicht gern spricht meine Zunge barsch,
Doch zeigst du Interesse
An meinem Werk und tauchst hinein
Mit deinen Augen, ha, du Schwein,
Dann gibt es auf die Fresse.

Mich übersetzen darfst nicht du,
Das darf nur ich, du blöde Kuh.
Zwar sprech ich keine Sprachen
Und blöke wie ein Schaf sein Mäh
Mein Lied »Identitäterä«
Und ist das auch zum Lachen:

Gibst du mein Wort dem Menschenchor,
Dann gehe ich dagegen vor,
Bewaffnet und gerichtlich.
Vermischung ist halt nicht mein Ding.
(Und wenn ich mal rassistisch kling,
Geschieht das höchst absichtlich.)

DER ZEICHNERIN HILKE RADDATZ ZUM 80.

Wie nicht von Menschenhand und doch von einer,
Denn keine Göttin neben ihr ist da.
Kein Karikieren, das je klarer war
Als das aus ihren Federn, keines feiner
Und unbeirrter! Zart und kühnst geschwungen
Aus jener Kraft, mit der ein Tiger schleicht
Und dann, im Sprunge, einem Adler gleicht,
Mit leichtster Hand der Schwerkraft abgerungen:

So zeichnet sie. Ein lachendes Gebären.
Ihr helles Schenken hebt ein dunkles Nichts
Aus Großmut in den Schatten ihres Lichts,
Und plötzlich finden Ehrlose zu Ehren,
Die Falschen und die anderen des Bösen,
Die Kalten und die Krummen und das Pack;
Als würde Prügel just in diesem Sack
Unmenschliche ins Menschliche erlösen. –

So schwarz ihr Zorn, so blumenbunt ihr Lieben,
Und die sie liebt, die pinselt sie ins Glück.
Einst goss sie auch aus mir ein Zuckerstück,
Hach, war das schön ... Wo war ich stehngeblieben?

Beim ersten Heft. Mit ihr hat es begonnen.
Als sie der Große Waechter, als sie schlief,
Nachts, wie ein Engel, zur »Titanic« rief
Von der »pardon«, der beide klug entronnen,
Da fing sie an, mit ihrem Stift zu runden
Die »Briefe an die Leser«. So soll's sein
Und immer bleiben, und für sie allein
Ward nur das Wort »Treffsicherheit« erfunden.

Und was heißt achtzig. Alle Zahlen schweigen,
Wenn Raum und Zeit in einem Sternendunst
Aus Ewigkeit verfliegen. Große Kunst
Ist größer als Natur. Nun tanzt, ihr Geigen!

JOE BIDEN

Er wirkt vielleicht nicht so Fidel,
Wie Castro mit dreihundert war,
Mehr wie der Geist von Walter Scheel,
Besonders neben Kamala,

Man döst vielleicht ein bisschen ein,
Er ist vielleicht kein Erstligist –
Wie wurscht all das: Er lebt. Im Sein.
Joe gibt es wirklich. Biden IST.

Und ist nicht Trump und ist ein Mann,
Der trägt nicht Teufels Namen.
Wie wurscht, ob er es soll, will, kann:
Er MUSS uns retten. Amen.

ZURÜCKGETRETENE

Den Anfang machte Lafontaine,
Dann sagte Wulff auf Wiedersaine.
Kurz drauf ist auch Papst Benedikt
Vor Amt und Würde eingeknickt,
Danach Herr Varoufakis.
Bei ihm lag's an den Rakis.

May trat zurück zu eignem Glück.
Ein Eselchen trat nur zurück,
Damit ich herzhaft lache.
Das Eselchen heißt Strache.
Dann Nahles kurz nach Wagenknecht,
Und langsam wird es ungerecht:

Wieso ist Vogelschiss noch da?
Der Lindner? Horst? Das AKK?!

SCHOLZ WIRD KANZLERKANDIDAT

Am Morgen, als die Nachricht kam,
Hob Merkel ihre Hände,
Nahm Seppl Söder in den Arm
Und sprach: »Wir sind am Ende.«

Und beider Körper sah man schier
Entsetzt zusammensacken.
Und Söder rief: »Jetzt können wir
Ja praktisch gleich einpacken!«

Derweil in frohem stolzen Glanz
Die klugen SPDler:
»O welch ein großer! Welch ein ganz
Ganz riesengroßer Fehler!«

FRIEDRICH MERZ

Hört man diesen Friedrich lallen
Über Liebe und Benimm,
Fragt man: Aus der Zeit gefallen?
Und wenn ja: Wär es denn schlimm?

Auch die Alten konnten denken!
Karl der Blöde war nicht doof.
Dschingis Khan: human im Henken.
Nero: feiner Kaiserhof.

War der Urmensch denn banaler?
War die Steinzeit dümmer? Nein.
Fritzi der Neandertaler
Soll der neue Kaiser sein!

TIL SCHWEIGER

Der große Schweiger (kleiner Scherz)
Hat wieder nicht geschwiegen:
»Die AfD vermag nur Merz
Noch in den Griff zu kriegen!«

Denn Fritzi sei, befindet Til,
»Ein Mann, der Klartext redet.«
So sei, wer Merz als Kanzler will,
Auch klartextlich befehdet:

O gecker Krimihüpfer Til,
O Mindermime Schweiger:
Bleib im TV und schweige still
Und geh nicht auf den Zeiger.

KAMPF DER KANDIDATEN:
LASCHET ODER SÖDER

Dein Mittel gegen großen Durst?
»Steinstaub oder Asche.«
Was klingt so gar nicht nach Hanswurst?
»Loser oder Flasche.«

Was mindert dir die Herzenslast?
»Jammer oder Trauer.«
Und wenn du nasse Füße hast?
»Regen oder Schauer.«

Wie soll dein neuer König sein?
»Doofer oder blöder.«
Dann trage hier zwei Namen ein:
 ... ... oder ... ...

»Da muss ich überlegen ...«

DER GUTE KÖNIG

Ein König trug vor langer Zeit
Die stolze Königskrone
Mit stolzer Selbstverständlichkeit:
Nie war der König ohne.

Man sah sie nachts sowie am Tag
Auf seinem edlen Haupte;
Bis ihm das Schicksal Schlag auf Schlag
Die Lust am Tragen raubte.

Als Erstes wurde ihm gewahr
Und bald zu bunt und bunter:
Kaum dass sein Blick zu Boden sah,
Fiel, rumms, die Krone runter.

Und schritt er auch gekrönt fürbass
Durch Herbst- und Frühlingsregen,
So ward sein Haupt doch pitschenass:
Der Form der Krone wegen.

Und weilte er im Sommerlicht
Des hellsten der Gestirne,
Beschützte jene wieder nicht
Die königliche Birne.

Desgleich im Winter fühlte, ach,
Der König sich verloren:
Die Krone wärmte äußerst schwach
Hals, Birne, Stirn und Ohren.

Als dann im Hallenbade schrie
Ein Knecht mit lauter Klappe:
»Die Krone weg! He, spinnen Sie?
Hier nur mit Badekappe!«,

Da sprach der König: »Ei, mein Sohn,
Mir reicht's. Ich mag nicht länger«,
Und ließ von Krone, Macht und Thron
Und wurde Opernsänger.

WUNSCHGEBET

Lass die Harten weicher werden
Und die Kalten also wärmer,
Lass die Armen reicher werden
Und die Reichen also ärmer,
Mach, dass Jucken nicht mehr juckt.
Schenk uns einen Automaten,
Der den Tätern böser Taten
Herzhaft in die Suppe spuckt.

Mach die dummen Kerle älter,
Dass sie endlich mehr begreifen,
Mach die Lüfte wieder kälter
Und die Schiris weiser pfeifen,
Mach das Gute groß und stark.
Lass die Kriegsgeräte rosten
Und das Wohnen so viel kosten
Wie ein Gläschen Kräuterquark.

Mach, dass unser Kopf nach schweren
Weinen tanzt anstatt zu wüten,
Mach, dass wir die Dichter ehren,
Tief bewundern, hoch vergüten,
Aber dalli. Pronto. Flott.
Willst du nicht, dass wir die Sachen
Ohne dich und selber machen:
Lass es krachen, lieber Gott!

WAS WIRKLICH ZÄHLT

Das Haben nicht, das Prassen nicht:
Glück wächst nicht in Zylindern.
Nur das von Herzen hat Gewicht,
Die Liebe zu den Kindern,

Zur Frau, zum Manne, zur Natur,
Bachs Violinsonaten,
Uromas alte Armbanduhr,
Der Riesenschweinebraten,

Das dicke Auto vor der Tür,
An das kein Nachbar drankommt,
Und fette Kohle. Glaube mir:
Das ist's, worauf es ankommt.

DER FLEISS DER DINGE

Die Kurse steigen und die Zinsen fallen.
Der Waffenhandel nimmt rapide zu.
Das Land verödet. Ballungsräume ballen.
Dein Fuß ist nicht zu groß: Dich drückt der Schuh.

Die breiten Autos werden täglich schwerer.
Die Abendflut spült Plastik an den Strand.
Die Portemonnaies der meisten werden leerer.
Gewalt an Frauen hält sich auf dem Stand.

Die Kinderarbeit lässt die Hände bluten.
Der Mietpreis treibt die Rentner aus dem Haus.
Der Seegang wirft die Menschen in die Fluten.
Die Seenotrettung setzt ab heute aus.

Der Preis für Weizen springt ins Uferlose.
Der Hungerlohn in Pakistan bleibt fix.
Die Märkte stellen ihre Diagnose:
Die Dinge tun was. Nur der Mensch tut nix.

NACH DEM KLICK

Man surft herum und bleibt an was,
Das hat man lang schon angepeilt,
Und dieses Mal, da kauft man das,
Denn gerne ist man zweigeteilt.

Teil A erstrahlt wie hocherfreut:
»Nun ist die Butter auf dem Brot!«
Teil B winkt ab, denn er bereut
Und sagt: »Teil A, du Idiot.
Du weißt doch: Das da brauchst du nicht.
Du weißt: Nicht das da war gemeint.
Du weißt doch, dass dein Sonnenlicht
Mit dem da just gleichdüster scheint.«

»Ich weiß, ich weiß«, gibt A zurück.
»Doch ist dein Hirn noch so gesund:
Du hast kein Herz, Teil B!«
»Zum Glück!«
»Ich habe eins. Und das ist wund.«
»Komm her, ich drück's an meinen Kopf.«
Gesagt, getan. Und frisch liiert,
Nimmt man die Einigkeit beim Schopf,
Geht zur Bestellung und storniert

Und hat die ganze blöde Qual
Vertrieben bis zum nächsten Mal.

KREUZFAHRTSCHIFFE

Die dicke Frau, der dicke Mann,
Gestopft mit Lachs und Törtchen:
Zehntausend Dicke legen an
Am schmalen Fischerörtchen.

Den Reedern bringt's das große Moos,
Den Küsten bringt's Verderben:
Die Dinger stinken, sind zu groß
Und müssen also sterben.

Moral: Solang's kein andrer tut,
Ja Kruzifix, verdammtes:
Bermuda-Dreieck, sei so gut
Und walte deines Amtes.

NATIONALSTOLZ

Papa?

Ja, mein Kind?

Was kannst du gut?

Äh ... Deutscher sein!

Sieh an. Erklär's genauer.

Na ja, das ... Land, der Dings, der Rhein,
Die Städter und der Bauer ...

Astrein. Da wär ich auch echt stolz.

Nicht wahr, mein Kind? Ich platze!
Guck, hier, mein Kopf: Was siehst du?

Holz?

Nein, hier ganz oben!

Glatze?

Und drauf?

O Gott, was ist passiert?
Bist du vorn Schrank gelaufen?

Ich hab die Fahne tätowiert!

Du wolltst doch nicht mehr saufen ...

ICH wurde HIER geboren! Ich!!

Da bin ich aber stolz auf dich.

TALKSHOWS

Ist ein Kind erkältungskrank:
Lass es draußen frieren!
Weht vom Fisch ein Faulgestank:
Bitte gleich servieren!

Kommt die Freundlichkeit vorbei:
Beiß ihr in die Waden!
Schreit aus Hetzern Barbarei:
In die Sendung laden!

Denn der Bauer ist nicht dumm:
Vor dem Ernten sät er.
Und so wächst ein Publikum,
Und so wachsen Täter.

SCHLAFEN

In guten Zeiten sinkt man gern
Meertief ins tiefe Schlafen.
Im Schlafen sind die Wachen fern:
Kein Kläffer droht den Schafen.

In bösen Zeiten sinkt man kaum.
Man schreckt auf, kaum versunken,
Und eine Frage steht im Raum:
»Wie viele sind ertrunken?«

MITTELMEER

Vor allem, dass man ein paar Euro spendet;
Daneben soll ein jeder, wie er kann.
Wann immer dort ein Menschenleben endet,
Geh' ich auf meine Art dagegen an
Und schreibe laut: Das ist doch nicht zu fassen!
Und schreibe laut: Was dort geschieht, ist Mord!
Und schreibe laut: Ein Mord durch Sterbenlassen!
So lasse ich sie sterben, Wort für Wort.

WAHL

Er hat ja nicht, wie man erzählt,
Die Macht sich nur ergriffen.
Nein, Hitler wurde auch gewählt.
So ist auf Wahl gepfiffen.

Gewählt sind Trump und Erdoğan
(Ab jetzt wird's immer doofer:)
Und May und Merkel und Orbán
Und, ächz, der Horst Seehofer!

Doch herrschen soll der *beste* Mann!
Der *tollste* Weltenleiter!
Sein Name fängt mit Thomas an
(Und geht mit Gsella weiter ...)

TERROR

Das wird bleiben wie Verkehrsunfälle.
Das liegt noch Jahrzehnte auf dem Tisch.
Das wird kommen wie die Virenwelle:
Regelmäßig, grausam, mörderisch.

Denn der Hunger macht das Herz nicht besser
Und ein aufgeklärter Kopf nicht satt:
Todeslöhne, Todesgötter, Messer
Gegen Torten, Drohnen und Descartes.

Doch solange ich und du nicht sterben,
Und das wird vermutlich lang so sein,
Lassen wir das Leben nicht verderben.
Richten wir uns mit dem Terror ein:

Trauern wir (wie man um Gute trauert),
Trinken wir (auf Dortmunds Mittelfeld),
Hoffen wir (dass er nicht ewig dauert),
Ändern wir! (die tödlich falsche Welt.)

TESTOSTERROR

Rüden sind dümmer und rüder,
Und ihre Zukunft war gestern.
Machtlust und Blödheit sind Brüder
Klügerer Mütter und Schwestern.

Zeigt mir die Frauen, die Kinder
Erschießen und dabei lachen.
Zeigt mir die weiblichen Rinder,
Die Löcher in Auspuffe machen.

Zeigt mir Gewaltherrscherinnen,
Weibliche Inquisition.
Seht all die Männchen von Sinnen:
Terror aus Testosteron.

DAS ENDE DER WOHNUNGSNOT

Es schrie ein viel zu reicher Mann
Zu einem viel zu armen:
»Wer Mieten nicht mehr zahlen kann,
Der sitzt halt nicht im Warmen!«

Der Arme sprach: »Ach, sei doch still.
Dir geht's ja nur um eines.«
Der Reiche schrie: »Wer reich sein will,
Braucht alles Geld! Auch deines!«

Der Arme sprach: »Ich bin so frei«
Und blieb, anstatt zu gehen.
So ging die Wohnungsnot vorbei.
Na, kann man doch mal sehen.

ENTEIGNUNG

Enteignung finden Eigner schwerst
Bizarr und höchst verkommen.

Doch sie enteigneten zuerst.
Uns haben sie's genommen,
Die Wälder, Straßen, Werke, Grund
Und Boden und Maschinen.
Sie nahmen einfach alles und
Auch wir gehören ihnen.
So ist Enteignung zwar echt doof
Für die, die uns beklauten.

Jedoch gehört ein Königshof
Halt denen, die ihn bauten.

DIE LIEBE oder
NA GEHT DOCH!

Sie galt als beste Geigerin der Welt,
Fontane war ihr Urururgroßvater.
Er machte zwar als Türsteher sein Geld,
Doch offiziell war er »Finanzberater«.

Sie spielte Bach wie nie ein Mensch zuvor,
Es war, als ob die Weltengöttin spiele.
Er guckte ganztags Fußball und schrie »Tooor«
Und trank dabei ein Bier und zwei und viele.

Sie joggte gern, ernährte sich vegan
Und folgte Böhmermann bei Insta, Twitter.
Er nahm zum Frühstück einen halben Hahn,
Garniert mit Ketchup, Bier und Magenbitter.

Sie trafen sich, ein Zufall, im Geschäft.
Er kaufte Schnaps, sie kaufte Biomöhren,
Da nahm die Liebe in die Hand das Heft:
Er wollte ihr, sie wollte ihm gehören.

Und beide flogen tanzend in die Nacht,
Ein Doppelstern aus Körpern und Gefühlen,
Und haben sieben Kinderlein gemacht,
Die konnten Geige, yeah, UND Fußball spielen.

TEILEN

Ein ganzes Auto braucht kein Schwein.
Laut sagt es: »Bitte sharen!«
So ließe sich ganz allgemein
Das Glück der Dinge mehren:

Kein Schwein wohnt eine Villa voll.
Laut ruft sie: »Ich bin einsam!«
Auch Villen fänden's supertoll,
Wir nutzten sie gemeinsam.

Der Vorstandsmann klaut monatlich
Millionen aus der Kasse.
Laut schreit sie: »He, das tut man nich'!«
Und teilt es. Hoch die Tasse!

DER KLUGE SCHRUBBER
Für Annegret Kramp-Karrenbauer

Wie luftleicht können die ihr Leben führen,
Wie jede/r Denkende sich denken kann,
Die mehrere Geschlechter in sich spüren
Und trans sind: nicht nur Frau und nicht nur Mann!

Rund um die Uhr versorgt mit dumpfen Spitzen,
Die jede/r Denkende sich schenken soll,
Und krampfigen, ja krampigen Topwitzen.
Toilettenwitze finden sie ganz toll.

Auch Annegret Kramp-Karrenbauer machte,
Wohl weil sie lang schon eine Närrin ist,
Solch einen Trans-Toilettenwitz und lachte,
Wohl weil sie selber Frau *und* Herrin ist.

»Für Männer so dazwischen, die nicht wissen,
Ob Männlein oder Weiblein oder was
Und ob im Stehen oder Sitzen pissen,
Ein drittes Klo!« Tätä! – Ein Riesenspaß.

Beim Witzeln trägt sie gerne einen Schrubber,
Doch nicht, weil sie zur Selbstreinigung neigt.
Der Schrubber aber denkt: »Welch ein Geblubber!«,
Und hofft umsonst, dass seine Herrin schweigt.

Es leben heiße Kessel halt vom Dampfen,
Auch wenn dabei die Oberdichtung schmort.
Mit beiden Füßen fest hineinzustampfen,
Steht sie seitdem bei Fettnäpfchen im Wort:

In Görlitz konnt ein Wahlbündnis verhindern
'nen Bürgermeister Marke AfD.
Der heiße Kessel steckte den Erfindern:
»Das war allein die CDU!« Olé.

Ein Youtuber mit Namen Rezo sagte
Was gegen ihre, Annegrets, Partei,
Worauf sie karrenbauersauer fragte,
Weshalb denn sowas nicht verboten sei?

Den wunderlichen Maaßen wollt sie feuern
Aus der Partei, an einem Samstag war's,
Um schon am Sonntag wortreich zu beteuern,
Er dürfe bleiben, hihi, war nur Spaß!

Sie ist auch in ein Flugzeug eingestiegen
Nach Übersee. Es war wohl kaum akut:
Minuten vorher sah man Merkel fliegen.
Nach Übersee. Der Umwelt tat es gut.

Dann ist sie in der Welt herumgetingelt,
Als wäre sie Ministerin des Außen.
Vielleicht, bevor der Postmann zweimal klingelt,
Ist sie, wer weiß, aus allen Ämtern draußen –

Doch die Moral von dem Gedicht:
Sie möge niemals gehen!
Denn käm der kalte Merz zurück,
Dann gäb's noch viel mehr Un vorm Glück.
Das war's. Auf Wiedersehen.

MIETPREISBREMSE

Sie ist ein segensreiches Tier
Mit einem großen Namen.
Sie piekst in die Vermietergier
Und hilft den Mietern, amen.

Ihr Gift ist stark, ihr Stachel ragt
Tief in das Fleisch des Bösen.
So hilft sie einem freien Markt,
Die Kunden zu erlösen.

Schon werden Mieten tiefgeschraubt,
Schon purzeln Wucherpreise:
Die Bremse sticht! Und wer es glaubt,
Hat zusätzlich 'ne Meise.

ORDNUNG

Papa? – *Ja, mein Kind?*

Der Mensch räumt auf und lacht vor Glück:
»Wie ordentlich! So muss das sein!«
Dann kehrt die Unordnung zurück,
So dass sein Ruf ertönt: »O nein,
Wie sieht's denn hier schon wieder aus?!«
Der Mensch räumt auf. Die Ordnung lacht.

Dann platzt die Unordnung ins Haus,
Worauf er wieder Ordnung macht
Und lachend ruft: »Na wunderbar!«
Dann wird's erneut unordentlich. –
Deswegen räumt der Mensch, nicht wahr,
So gerne auf!

Na, du ja nich' …

UTOPIE

Nur weil er drin nicht bleiben darf,
Verlässt der Mensch das Bett.
Die Arbeit jagt ihn aus dem Schlaf
In Blaumann und Jackett.

Doch wie soll Dürre ewig sein
Im Überfluss an Dingen!
Das gute Brot, den guten Wein:
Die Eulen werden's bringen
In unsern Kuss. Das Sein wird Spiel,
Die Decke unsre Kleidung.

So kommt die Menschheit an ihr Ziel
Der Bettverlassvermeidung.

GEGENWIND

Das herbste Jahresviertel frommt
Wie Gift an spitzer Dorne.
Sein kalter Wind zum Beispiel kommt
Fast ausnahmslos von vorne.
Andauernd ist er gegen uns!
Von daher ja der Name.

Und wir? Wir überlegen uns:
Die Arbeit, die infame,
Sie zwang uns in den Wind hinaus.
Doch auch der Mensch kennt Finten:
Wir drehen um und gehn nach Haus.
Nun kommt der Wind von hinten.

DOKTORARBEITEN

Manchen ist vor ihnen bang und
Das kommt nicht von ungefähr:
Sie sind dick und dauern lang und
Sind für manche auch zu schwer.

Also fälschen manche ihre
Und benutzen Trug und List,
Wissend, dass ein Titel ziere,
Auch wenn er gestohlen ist.

Den Ertappten droht furchtbare
Strafe, die nach Folter schmeckt:
Alle werden, oft für Jahre,
In die Politik gesteckt.

SCHULZEUGNISSE

Ein Jahr lang sind die Lehrer stark
Und dürfen Schüler rügen.
Dann kommt der Jahreszeugnistag,
An dem *sie* Noten kriegen.

Pro Fach hat jedes Kind notiert,
Ob es den Lehrer schätzte.
Hat er fürs Fach interessiert?
Wars, andersrum, das Letzte?

Wie viele Schüler sind dabei,
Die ihn recht hilfreich fanden?
Wie viele gaben ihm die Drei,
Weil sie kein Wort verstanden?

So ist der Tag für Lehrer schwer.
Zwar lacht die Sommerpause,
Doch manche Lehrer weinen sehr
Und trau'n sich nicht nach Hause.

STEUERERKLÄRUNG

Wir achten die Steuererklärung.
Denn Staatsbürger jedweder Währung
Betrachten mit großer Verehrung
Die jährliche Geldbeutelleerung.

Wir lieben die Steuererklärung.
Dem Eintreiber heißt sie Vermehrung
Des Reichtums und in der Umkehrung
Dem Staatsbürger Tod und Entbehrung.

Wir machen die Steuererklärung.
O hol uns die Feder- und Teerung!
Welch sittlich-mentale Verheerung,
Welch völlige Großhirnauszehrung!

Wir zahlen für Steuererklärung!
Zwecks Steuerberaterernährung!
O Signum vollkommner Entehrung:
Wir zahlen für Steuererklärung!

VOM ENDE DES BARGELDS

Das Bargeld stirbt. Die Münzen und die Scheine,
So alt wie das Geschäft, man wirft sie fort.
Und zwei Berufe, zwei, um die ich weine,
Sie sterben mit. So lest mein Abschiedswort:

Der Bankräuber! Er drang in die Filialen
Mit Macht und einem Strumpf auf dem Gesicht.
Der Bettler! Ließ sich gleichfalls bar auszahlen.
Genug davon besaßen beide nicht.

So war man ihnen einen Ausgleich schuldig
Und gab es gern: das gute bare Geld.
Der Räuber nahm es schnell, fast ungeduldig,
Der Bettler hatte alle Zeit der Welt.

Nichts ist ein Bankraub gegen Bankengründung,
Schrieb Bertolt Brecht. Und nichts die Bettelei. -
Ade, du Strumpf, adieu, Pistolenmündung,
Viel Glück, du leere Hand. Gott steh euch bei.

DER AKTIENKURS

Er weiß bekanntlich allerlei
Bewegungen zu zeigen.
Der Profi unterscheidet drei:
Stagnieren, fallen, steigen.

Stagniert er, ändert er sich nicht;
Danach geht's auf und nieder.
Kurzfristig scheint Gewinn in Sicht,
Danach verliert er wieder.

Doch folgt auf jede Baisse die Hausse!
Dann stürzt er und dann hält er.
Langfristig sieht's noch besser ausse:
Langfristig steigt UND fällt er.

RENTEN

Viele Renten sind echt kläglich,
Aber manche sind echt stark.
Rund viertausend Euro täglich
Kriegt der Benz-Chef. Jeden Tag.

Der träumt jede Nacht vom Fliegen
Und denkt jeden Morgen: »Toll!«
Würd er die pro Monat kriegen:
Seine Stirn wär sorgenvoll.

Oder Halbjahr! Diese Schufte!
Treffe sie im Arsch der Blitz!
Nein, viertausend/Tag sind dufte.
Alles drunter ist ein Witz.

DIÄTENWAHN

Man zwingt sie armen Frauen auf,
Da wird erst ab-, dann aufgespeckt,
Denn Hunger ruft: Los, iss und sauf!
Man nennt es: den Jojo-Effekt.

Derselbe quält den armen Mann
Im Bundestag von früh bis spät:
»Sie nehmen Lobby-Gelder an?«
»Jojo. Ich muss! Bei der Diät!«

Zehntausend Euro kriegt er nur.
Und ist Moral erst angedickt,
Dann muss auch sie auf Hungerkur.
Diätenwahn, wohin man blickt …

SPAM

Jede SPAM-Mail ein Verbrechen,
Sagt der Fachmann. Harte Kost!
Und ich möchte widersprechen,
Denn ich liebe schöne Post.

Und der Schleim aus Müll und Lüge
Offenbart sehr schön gerafft
Sinn, Zweck, Mittel und Gefüge
Kapitaler Marktwirtschaft:

Dreck verhökern, Opfer schröpfen,
Räubern, wo sich räubern lässt,
Letztes Geld der Welt abschöpfen –
Jede SPAM ein Manifest.

FUNKLOCH DEUTSCHLAND

»Ist dort Egon Müller?«
»Ja.«
»Doktor Sorge, Gynäko ...
Zzrr geht's *vrrrz* Ihr Kind ist da,
Und es ist ein *brrzz* ...«
»Hallo?!«

»Hier Annahmestelle Mitte.
Frau Ge *prrz* Ihr Lottoschein
Hat zweihunderttau *chrr*«
»Bitte?«
»Abholfrist bis *chrz rvr*« ...
»Neeeiiiin!«

»Hallo, hier *krmpf* Karrenbauer.
Nur der Angriff *ffrr* zum Sieg!
Hiermit *brrzl* ich stocksauer
Ihnen offziell den *krrrrrrrkk*«

PODCASTS

Podcasts sind in aller Ohren,
Denn der Mensch hat spitzgekriegt:
Selberlesen hat verloren,
Lesenlassen hat gesiegt.

Ob beim Joggen, Stöckeln, Gehen,
Bei der Arbeit, auf dem Klo,
Auf der Post beim Schlangestehen:
Podcasts hören, das macht froh!

Möglichst gleich nach dem Erwachen
Podcasts hören, das macht Spaß!
Und dann nachts beim Liebemachen:
»Hallo!«
»Hä?«
»Wie war ich?«
»Was?«

DAS »HANDY«

Führt zu schlechter Haltungsnote.
Schadet auch der Umwelt stark.
Weltweit fast viertausend Tote.
Große. Kleine. Jeden Tag.

Mehr als durch die Kriege sterben.
Helfen würde nur Verzicht.
Trotzdem darf die Wirtschaft werben:
»Hol dir eins, sonst lebst du nicht.«

Seine User macht es dümmer,
Willenlos, wie drogenkrank –
»Handy«? Ich vertu mich immer:
»Auto« mein ich! Vielen Dank.

DAS AUTO

Das Auto kostet viel mehr Geld
Als S-Bahn oder Laufen.
So kam die Arbeit auf die Welt:
Dank ihr kann man eins kaufen.

Der Mensch nimmt eine Arbeit an
(Samt Stress und grauen Haaren),
Damit er es sich leisten kann,
Im Auto hinzufahren.

DER STAU

Das Auto denkt. Wir sind nur seine Fahrer,
Denn seine Wege kennt nur es genau.
Sind wir auch blind, so sieht es doch viel klarer.
Das Auto lenkt: uns sicher in den Stau.

Hier ist sein Fest, sein großes Wiedersehen.
Hier trifft es seine Freunde, Tag für Tag,
Um über Stunden dicht an dicht zu stehen
Wie alte Bäume, stolz, in Wald und Park,
Der Motor aus, Musik, die Fenster offen,
Kein Lärm, kein Giftgas, keine Raserei.

So feiern sie, entspannt und glücksbesoffen,
Und geben uns, den Fahrern, dankend frei.

ELEKTROAUTOS

Weil das weise Zeiten werden,
Weil sie leise gleiten werden
Unter freiem Himmelsblau
Zum Elektroautostau;

Weil aus Kindern Erben werden,
Weil die Eltern sterben werden
An dem deutschen Raserwahn
Der Elektroautobahn:

Wird auch dieses Blech erkalten,
Bald, wenn sie minütlich halten
Und man nicht mehr blechen muss:
Für Elektro-Bahn & Bus.

ELEKTROROLLER

Erst lümmeln sie auf Wegen rum,
Die einmal Gehweg waren,
Dann fahren sie die Leute um,
Die lieber Fahrrad fahren.

Sie rollen auf die Roller auf
Und fangen an zu heulen:
Kein Helm ist auf den Köpfen drauf
Und also Platz für Beulen.

Sie gehn nach einem Jahr entzwei,
So will's ihr Mechanismus.
E-Roller sind der letzte Schrei
Des Automobilismus.

PATENT

Das Auto tötet, stinkt und stört.
Nun gibt es einen Roller,
Der statt mit Öl mit Akku fährt.
Das ist natürlich toller.

Noch toller ist das E-Bike, weil
Auch es fährt stromgetrieben
UND hat Gepäckträger. Echt geil.
Das E-Bike MUSS man lieben.

Am tollsten wär's und sagenhaft,
Wenn's nicht mal Akku hätte.
Ein Rad, bewegt von Menschenkraft.
Denkbar wär eine Kette.

Sie übertrüg die Energie
Der Muskeln Ihrer Beine.
Bergauf und eben träten Sie,
Bergab führ's von alleine.

Kein Kohlestrom und kein Benzin,
So läg's auch gut im Rennen
Um grünmobile Strategien.
Man könnt es »Fahrrad« nennen.

DAS LASTENRAD

Der Fahrradweg ist ihm zu schmal,
Doch schützt es deine Umwelt:
Drei Meter lang, dick wie ein Wal,
Und wehe, wenn es umfällt.

So fährt's vom Stilaltbau gechillt
Zum In-Kiez-Bioladen
Und kauft zwei Heidelbeeren (wild)
Plus einen grauen Fladen.

Die Lasten heißen Finn und Lee
Und tragen feinstes Linnen
In diesem Top-Zweit-SUV
Der grünen Wähler:innen.

DER KOPFHÖRER

Vom Winter betupft fährt die Wiese
Mit mir durch den Morgen. Ein Baum,
Umarmend den Himmel, ein Riese.
Der Horizont flockig wie Schaum.

Und dann aus den Tiefen der Hölle
Die Schreie der Untat: »Hier Rohn!
Ich bin grad im Zug! Auf die Schnelle:
Wir müssen die Preisrevision
Beim Kunden akonto skalieren
Nach Kontingent 12 Strich 4b!«

Wie nackt unter wildesten Tieren.
Die Worte wie Bisse so weh.
Der Kopfhörer hilft emigrieren. -
Am Waldrand, dort, hinten, ein Reh.

DIE DEUTSCHE BAHN
(DEN SCHWEIZERN ZUGERUFEN)

»Der Zug fällt aus.« Der nächste fährt
In etwa vierzehn Tagen.
Die Wagenreihung dann verkehrt,
Ansonsten nix zu klagen:

Der Gang verstopft, das Klo defekt,
Im Bistro nix zu essen,
Die Wagen 1 bis 5 verdreckt,
Der Wagen 6 vergessen,

Die Weiche platt, die Schiene krumm,
Der Zug hat sich verlaufen:
Der Fahrer war mal kurz, nicht dumm,
Ein neues Auto kaufen,

Die Oberleitung leitet nicht,
Sobald sie mal schneeweiß ist,
Kalt bläst die Lüftung ins Gesicht,
Bevor sie dann zu heiß ist –

So schimpft nicht auf die SBB,
Ihr Leut! Bedenket immer:
Die Deutsche Bahn ist viel viel, ne:
Viel viel viel viel viel schlimmer.

DIE U-BAHN

Im Morgengrauen ist sie voll
Von Müdigkeit und Alkohol.
Um Trübsinn wird gebeten.

Die Endstation heißt Arbeitsplatz,
Da kriegt man einen vor den Latz.
So ist das bei Proleten.

Den Mehrwert fährt ein Arschgesicht
Spazieren überm U: im Licht
Der hellen Tagessonne.

So macht die U-Bahn viele bleich
Und eine Handvoll viel zu reich.
Ab in die Restmülltonne.

FÜR EIN TEMPO-MINIMUM!

Zweihundert auf der Autobahn!
Ein Jahr! Und bleibst du drunter,
Dann kommt der Scheuer angefahrn
Und schmeißt dich wieder runter.

So wär die Crème mal unter sich,
Die WIRKLICH schnellen Wagen,
Und würden sich voraussichtlich ...
Na ja, wie soll ich sagen ...
Stark dezimiern? Was glauben Sie?
Auf null vielleicht? Und isses
Nach diesem Jahr dann endlich – wie?
Nicht gut? Na dann. Vergiss es.

DAS KLIMAPAKET DER GROSSEN KOALTION

Der Absender: unleserlich.
Der Adressat: vergessen.
Auch zugeklebt isses zwar nich'
Und nicht frankiert. Stattdessen:

Die Front schön aufgerissen und
Der Rücken gut verrottet,
Die Ecken stark verschlissen und
Die Kanten wie verschrottet
Und innen nix als heiße Luft,
Mit der wir gerne würzen.

Denn süß & lieblich ist der Duft
Aus Lobbyistenfürzen.

REFORM

Weil die Klugheit heut enorm ist
Und deswegen heut Reform ist,
Was der Dumme, wenn es brannte,
Früher mal Verschärfung nannte:

Etwa die der Arbeitszeiten,
Die der Schulden und der Pleiten,
Altersarmut, Rentenlücken,
Die des Rechts, den Lohn zu drücken
Und für Bankeninteressen
Ganze Länder auszupressen,

Sollten wir den Wandel wagen:
Lasst uns Klimareform sagen!

»HAUSSTAUB«

Laut offizieller Theorie
Ist er aus Schuppen, Milbenkot,
Bärtierchen, Pollen, Bröckchen, Brie,
Spinnweben, Pilzen, Pausenbrot,
Aus Fasern, Fusseln, Yin und Yang
Und Samen, Kram und Ding und Duft,
Aus Bims und Blöd und Sinn und Tang,
Aus Morgenstund und Abendluft

Und allerlei – und noch viel mehr!
Doch frag ich Sie: Wie kann das sein?
Aus so viel Sachen? Bitte sehr,
Das geht doch gar nicht!

Zufall?!
Nein.

Wahr ist: Kaum putzt der Mond sich raus
Und bettet unsre Kissen,
Schwärmt die Regierung heimlich aus
Und wedelt Staub in unser Haus –
Damit WIR saugen müssen!

VERSCHWÖRUNGSTHEORIEN

Wahr ist und tausendmal gesagt,
Dass Männer, ganz hoch oben,
Weit allem Grau enthoben,
Dort wo die Ewigsonne tagt
Und alle Macht und alles Geld
Und alle Zeit sich tummeln
Und Machen heißt: Beschummeln –
Dass also dort, in jener Welt,
Die Männer leicht, mit einem Wind,
Mit einem Wink entscheiden,
Worunter all die leiden,
Die unter ihrer Sonne sind.
Entschieden wird zur Golfpartie,
Im Grünen, Schönen, Stillen,
Auf Yachten und in Villen.

Dass dies so bleibe, mischen sie
Die Wahrheit mit Idiotie
Zur Mär, dass ganz hoch oben,
Weit allem Grau enthoben,
Dort wo die Ewigsonne tagt
Und alle Macht und alles Geld
Und alle Zeit sich tummeln
Und Machen heißt: Beschummeln –
Dass also dort, in jener Welt,
Die Männer leicht, mit einem Wind,
Mit einem Wink entscheiden,
Worunter all die leiden,
Die unter ihrer Sonne sind.

GEGEN MIKROPLASTIK

Überall ist Mikroplastik,
In den Meeren, in den Fischen.
Auch der Mensch ist plastiklastig.
Auch die geistig nicht so frischen.

Forscher fanden die Erklärung
Fürs Gestammel rechter Bübchen:
Plastik flutscht aus der Ernährung
Schnurstracks in die Oberstübchen.

Und wenn die vergleichbar leer sind,
Füllen sie sich umso schneller.
Falls Sie also so ein Herr sind:
Keinen Fisch mehr auf den Teller!

KLIMAKOMPROMISS

Erst enteignen, die verdienen
Am Verhökern des Planeten;
Von der Straße auf die Schienen;
In den Generalstreik treten;
Weg vom Öl und von den Kohlen;
Plastik ächten; nicht mehr fliegen;
Kälte schützen; Wärme holen
Bei uns beiden

Und dann liegen
In den Betten wie Barbaren,
Feuer runter, Felle rauf,
Ich mit Mütze, du mit Haaren,
Herzen munter, Rotwein auf,
Augen zu und Poren offen,
Zwischen Stirn und Zehen nackt
Und vom Kompromiss besoffen:
Fleischlich, aber unverpackt.

DER GOLFSTROMAUSFALL

Der Golfstrom trägt die Wärme her
Aus tropisch milden Breiten.
Doch leider Gottes schwächelt er –
Zum Glück! In diesen Zeiten!

Denn wenn das Klima wärmer wird
Und auch das Wasser schwüler,
Wodurch der Golfstrom kollabiert,
Wird's Klima – wieder kühler!

Das funktioniert jedoch nur dann,
Wenn auch die Fische schwitzen.
So tu ein jeder, was er kann,
Das Klima zu erhitzen.

FLUGSCHAM

Alle reden von der Flugscham,
Alle fliegen viel wie nie.
Gratis auch die Lug&Trugscham
Deutscher Autoindustrie.

Meine Ehefrau hat Zugscham:
Hockt den ganzen Tag im Zug.
Ich hingegen trink aus Krugscham
Bier ausschließlich aus dem Krug.

Und der Bauer feiert Pflugscham,
Wenn er Glyphosate nimmt.
Hat die AfD Unfugscham?
Wie die redet, ganz bestimmt.

FUSSBALLSPIELABBRUCH

Wird ein weißer Mann beleidigt
(Dietmar Hopp & Hinz & Kunz),
Wird die Würde hart verteidigt:
Spielabbruch! Stopp! Nicht mit uns!

Auch im Fall von Affenlauten,
»Nigger!«-Rufen und derlei
Ekelhaften braungebrauten
Nazi-Fürzen: Spiel vorbei!

Weil: Wenn's Spiel hier weiterginge
(Also: Nehmen wir's mal an.
Dass es an der Farbe hinge),
Wär's Rassimus. Doch nur dann.

BREXIT

Das Band der Liebe, ach, es ist zerrissen:
Europas größte Insel hüpft von Bord.
Und du und ich, wir werden sie vermissen,
Denn Brexit ist viel mehr als nur ein Wort.

Wie viele Jahre hat er uns begleitet
So treu, wie es nur beste Freunde tun!
Was ist ein Pferd, auf dem kein Teufel reitet!
Was macht die arme »Tagesschau« denn nun!

Mit einem Referendum hat's begonnen.
Von einem Mr. Cameron erdacht,
Hat er, dank ihm, verloren statt gewonnen:
Die Downing Street und also Amt & Macht.

Gewonnen haben freche feiste Lügen
Von Johnson und Farage und einem Bus,
Der leuchtete vom Wirklichkeitverbiegen
So schamrot, wie ein Lügner leuchten muss.

Ein halbes England ließ sich nicht verdummen,
Ein halbes wollte gerne Dummchen sein.
Bald folgte den Protesten das Verstummen.
Wo Blödheit siegt, geht auch die Klugheit ein.

Dann stehen sehr gespenstische Gestalten
Auf schlechten Bühnen, und das Licht ist fahl.
Wie elend die, die Elend nur verwalten!
Wie hieß sie noch, die Dings ... Mey? May? Egal.

Der Sturm des Brexit warf sie in die Gosse,
Und Bum-Bum-Boris spielte Diktatur:
Bye, Unterhaus! No deal! Und eine Posse
Wuchs zum Desaster mit Bizarrfrisur.

Ist innerlich auch Johnson nicht das Wahre,
So sieht er außen noch viel falscher aus.
»Wir neuen Lügner haben doofe Haare«:
Die Losung gab vor Jahren Trump heraus.

So sitzen nun zwei blondgetünchte Esel
An allen Hebeln, und das ist kein Jux:
Die machen ernst. Es ist der irre Schnösel
Die zeitgemäße Fratze des Betrugs. –

Was wird nun aus Europa und dem Briten?
Ob er sich noch in unsern Süden traut?
Wie gerne lagen wir am Strand inmitten
Knalltrunkener mit Bauch und weißer Haut!

Und auch ums Marmite ist es, würg, voll schade!
Und wer schlürft jetzt das ganze Teezeugs leer?
Wer sind wir ohne Britenmarmelade
Aus bittrem Ingwer, Quitten, Queen – ja, wer?

Und nun ist auch noch Terry Jones gegangen.
Der große Monty-Python-Autor: tot.
Die Erde weint. Ihr Himmel ist verhangen.
DAS ist der Brexit. Terry, mach es gut.

DSCHUNGELCAMP

Wer macht sich rein und kommt groß raus?
Wer wird hinausgeschmissen?
Wer macht sich fein? Wer zieht sich aus?
Wer trinkt, was Spinnen pissen?

Wer plappert sich die Haut vom Leib
Und wer um Kopf und Kragen?
Wer überlebt den Selbstvertreib,
Wer wird zu Grab getragen?

Wer sind die ohne Angesicht?
Wer macht, dass sie so arm sind?
Und wer schaut zu und schämt sich nicht
Für die, die ohne Scham sind?

INSTAGRAM

Der Kinder wegen hab ich das.
Die guck ich. Was mich wundert:
Ich poste nix und habe was?
Hey, Follower. Achthundert.

Achthundert Leute gucken zu,
Wie ich kein Foto reinstell.
Bestimmt weil ich der blöden Kuh
Guckindustrie ein Bein stell.

Bestimmt ruhn Leute gerne aus,
Wenn wo mal kein Verkehr ist.
Bei allen andern volles Haus,
Derweil's bei mir schön leer ist.

Sie gucken rum und denken: Fein,
Ein cooler Platz zum Aalen.
Moral: So sollten Medien sein,
Besonders die sozialen.

FACEBOOK I

Ich poste morgens: »Hallo, ihr!«
Und zähl die Likes. Zack! Einer!
Am Abend sind es immer vier:
Ich, Inge, Ruth und Reiner.

Am Mittag postet meine Frau:
»Hallihallo, ihr Lieben!«
Am Abend dann der Supergau:
Sie hat wie immer sieben:

Ich, Inge, Reiner und die Ruth;
Dazu Paul, Claire und Anne!
Sie findet Facebook richtig gut.
Ich finde Facebook panne.

FACEBOOK II
Für Cambridge Analytica

Bei 'ner Wahl kann viel passieren:
Man kann siegen und man kann
Auch im Gegenteil verlieren.
Kommt auf das Ergebnis an.

Hängen am Ergebnis Posten,
Große Macht und großes Geld,
Lässt der Hund es sich was kosten,
Dass die Herde richtig wählt.

Früher hat er Quatsch und Hetze
In Plakatformat gehängt.
Heute nimmt er Datensätze,
Die die Herde Facebook schenkt.

DER WECKER

Wenn du bis zehn geschlafen hast,
Erwachst du froh und munter,
Was deinem Chef so gar nicht passt:
Dein Frohsinn zieht ihn runter.

Der Heini weiß auf dieser Welt
Den Hals nicht vollzukriegen.
Er macht mit deiner Arbeit Geld
Und sieht dich ungern liegen.

Wer ist, da heut kein Hahn mehr schreit,
Sein Killer und Vollstrecker?
Und Henkersknecht der Arbeitszeit?
Die blödste Sau: dein Wecker.

REIMLOSE LYRIK
Für Robert Gernhardt

»Mein Leben«, rief sie, »reimt sich nicht!«,
Weshalb sie nicht in Reimen dichte.
Ihr ungereimtes Leben richte
Sie zu wund wie ein Messer sticht,
Ein Bluten ohne Trost und Halt
In Form, in Schönheit, in Gefüge.
Ein jeder Reim wär »eine Lüge«,
So rief sie. »Schroff und ungestalt
Ist meine Welt, mein Leid: mein Sein!«
Kein Reimen also? »Dreimal nein.«

DIE SCHRIFT

Der Schreiber hat seit je die Macht,
Sie anderen zu rauben:
Kaum hat er sich was ausgedacht,
Schon soll's der Leser glauben.

Die braven und langweiligen
Und die aus Gift und Galle,
Die hehren und die heiligen:
Die Schriften sagen alle:

»Oh, wie ich doch bedeutend bin!
Mein Wort ist von Gewicht, ihr!«
Doch meist steht nix als Unsinn drin.
(Gilt nicht für dies Gedicht hier.)

SPÜLMASCHINE

Man packt sie voll und stellt sie an
Und räumt sie aus, nach ungefähr
Drei Stunden ist sie voll und dann
Stellt man sie an und räumt sie leer,
Dann ist sie wieder voll, man stellt
Sie an und räumt die Sachen raus,
Und weil die Leere nicht lang hält,
Stellt man sie an und räumt sie aus,
Dann sind die Sachen aus dem Schrank
Zurück in der Maschine drin,
So geht das Leben, vielen Dank,
So geht das Leben hin.

TIERE UND VIREN

NACH EINEM TOSCANAURLAUB

Es genügt nicht, Mücken nur zu killen.
Sieh sie an, randvoll mit deinem Blut.
Schwerster Hass ist niemals leicht zu stillen;
Es genügt nicht, sie in schneller Wut
Hinzurichten, wie man Spinnen tötet,
Mit zwei Büchern, patsch, und einem Schrei –

Sieh den Stich. Spür, wie er juckt. Sich rötet.
Fang die Mücke. Und dann sei so frei:
Fessle sie. Und lass sie nicht entkommen.
Nimm ein Messer. Räche alle Qual:
Schächte sie. Und nimm, was sie genommen:
Trink. Und lass sie hängen als Fanal.

WIR UND ES

Wir krabbelten und taumelten,
Wir pfiffen, sangen, klickten,
Wir flogen und wir baumelten,
Wir griffen und wir pickten,
Wir pieksten und wir brummten und
Wir flatterten und krochen,
Wir irrten und wir summten und
Wir haben Fleisch gerochen,
Wir schwirrten und wir flegelten,
Wir waren Wind und Wetter,
Wir sirrten, surrten, segelten,
Wir sausten um die Blätter,
Wir trugen Farben wunderschön,
Wir tranken und betäubten,
Wir dachten nicht ans Untergehn,
Wir zirpten und bestäubten –

Es kam sehr spät. Ein neues Tier.
Es litt an Gendefekten:
Es war zu blöd. Da gingen wir.
Es nannte uns »Insekten«.

PORTUGIESISCHE GALEEREN

Im deutschen Meer Hispanias,
Vor Palmas saurem Sand,
Da pirschen wie Piranhas
Giftquallen um den Strand.

Sie jagen wie die Kenner
Und jagen Spanier nicht.
Ihr Trüffel: Ballermänner.
Mund auf zum Strafgericht!

Schon fliehen die Barbaren.
Und eine Insel preist
Den Gott der Balearen
Im Lied, das »Danke« heißt.

ERZIEHUNG HEUTE

Papa?

Ja, mein Kind?

Auf den Winter folgt der ...?

Sommer.

Nach ihm kommt ...

... der Winter wieder.
Diesen ringt mit Wärme nieder
Jener zweite Wiederkommer,
Der, wie du seit eben weißt,
Wärmer ist und ...

Sommer heißt?

Ganz genau. Das Jahr bestreiten
Diese beiden Jahreszeiten.

Herbst? Und Frühling ...?

Gibt es nicht.
Kind, die Wahrheit lautet schlicht:
Beide sind im Zorn erfunden
Von zwei tief gekränkten

Hunden?!

Yep. Sie wurden, musst du wissen,
Eines Tages rausgeschmissen.
Einfach so! Vom Bauernhof.

Und das fanden beide doof.

Superdoof. Und in der Nacht
Haben sich die beiden Irren
Herbst und Frühling ausgedacht.
Um uns Menschen zu verwirren!

Buh!

Aus purer Anarchie!

Nicht zu glauben! Spinnen die?!
Andrerseits – recht gut gelungen:
»Herbst« und »Frühling« ...
Worte wie von Menschenzungen!
Umso mehr, wenn man bedenkt,

Dass es Hunde warn? Geschenkt.
Hunde können das. Sie sind
Große Redner vor dem Herrn.
So wie ...

Katzen!

Kluges Kind!

Danke, Papa!

Bitte, gern!

WESPEN

Die guten Menschen lassen sie
An Eis, Kaffee und Kuchen.
Die schlechten Menschen hassen sie
Und schlagen und verfluchen.

Die guten Menschen bleiben cool
Und weilen vor den Kannen.
Die schlechten fliehen ihren Stuhl
Und eilen blass von dannen.

So ist sie uns ein gutes Tier:
Sie tut nach Gottes Wort.
Sie lässt die guten Menschen hier
Und jagt die schlechten fort.

NOCH EINMAL: WESPEN

Sie sind geschützt. Sie stechen nur,
Wenn Menschen sie bedrücken.
Sie helfen uns und der Natur.
Sie essen auch gern Mücken.

Sie füttern ihre Kindlein lieb
Mit unserm Streuselkuchen.
Das kommt vom Überlebenstrieb.
Das soll man nicht verfluchen.

Doch kann man es! Verfluchtes Pack!
Ein Witz, dass man euch huldigt!
Hass! Feuersglut! Vernichtung! Zack!
Klatsch! Patsch! Oh. Ups. Entschuldigt …

DER KOMPROMISS

Ein Hase hüpfte durch den frühen Wald,
Da hüpfte aus dem Schatten einer Buche
Ein Fuchs herbei und frug: »Wohin so bald?«
Der Hase sprach: »Ich bin auf Frühstückssuche.«

»Das trifft sich gut.« So sprach der Fuchs. »Ich auch.«
Der Hase rief: »Die Welt soll uns gehören!
Was frisst ein Fuchs? Was mundet deinem Bauch?
Sind's, wie bei mir, das Gras, der Klee, die Möhren?«

Da sprach der Fuchs: »Bei mir ist es das Tier.
Du kommst mir also überaus gelegen.
Wie fändest du's? Ich wäre sehr dafür.«
Der Hase sprach: »Ich wäre sehr dagegen.«

Und sprach: »Mein lieber Fuchs, ich will's nicht, denn
Dein schönes Frühstück wäre mein Verderben.«
»Ich will es«, sprach der Fuchs. »Denn wenn
Ich dich nicht esse, werd ich hungers sterben.«

Der Hase sprach: »Dann lauf ich also fort.«
Da sprach der Fuchs: »Dann werde ich dich kriegen.
Doch hört der Starke auf des Schwachen Wort,
Dann macht Verhandeln, dass sie *beide* siegen!

Ich weiß: Du willst nicht, dass ich dich verspeise;
Doch muss ich's tun. – Wann also wär's dir recht?«
»Ich will es niemals«, sprach der Hase leise.
Da sprach der Fuchs: »Ich weiß. Doch geht das schlecht.

Wie viele Tage soll ich hungern. Vier?
Ich biete fünf!« Der Hase sagte: »Sieben.«
»Dann also sechs.«
»Gut ... wo?«
»Wie wär es hier?«
Bei diesem Kompromiss ist es geblieben.

Zum Treffen kam der Fuchs dann seltsam matt,
Der Hase frisch, wenn auch mit Sorgenfalten.
Von andern Hasen war der Fuchs pappsatt.
Doch an Verhandeltes muss man sich halten.

EINE NEUE DINOSAURIERART

Die Jungen wurden vor der Zeit geboren.
Die Weibchen hatten Schmerzen beim Gebären.
Den Männchen wuchsen Borsten aus den Ohren.
Fressfeinde hießen Schlangen, Tiger, Bären.

Die Weibchen waren größer als die Männchen
An Schönheit und Verstand, nicht an Gestalt.
Die Männchen hatten eher ein Verständchen.
So wurde diese Art nicht allzu alt.

Sie starben aus. Hier endet die Geschichte.
Doch schönere Musik, die gab's wohl nie.
Am schönsten aber waren die Gedichte.
Ach ja: Und schrecklich eitel waren sie.

HYMNE AUF DIE VIROLOG:INNEN

Nur ihr könnt, was ihr tut! Nur ihr
Seht sie, die Unsichtbaren!
Nur euer Zauber macht, dass wir,
O Engel, sind, nicht waren:

Ihr habt den Schwarzen Tod besiegt,
Ihr klügsten, ach, der Leute,
Die Kinderlähmung weggekriegt,
Die Pocken, ei, und heute
Steht an der Menschheit erster Front
Erneut, yeah, ihr Studierte
Und attackiert, wie einst James Bond
Das Böse attackierte,
Ein gottverdammtes Virus, ächz,
Das neu ist und bescheuert,
Sowie das Dummgeschwätz von rechts,
Das alt ist, runderneuert –

Nur euer Kopf, nur euer Fleiß
Mag jene in den Betten,
Die leidend sind und fieberheiß,
Vorm Seuchentod erretten!
So bitten die Gesunden euch
Und bitten euch die Kranken:
Macht hin mit diesem Impfungszeuch!
Ihr seht uns, weinend, danken.

CHRISTIAN DROSTEN, VIROLOGE

Deutlich besser auf dem Posten
Als der reife Olli Kahn
Ist der Virologe Drosten
Mit dem Namen Christian.

Von dem Süden übern Westen
Übern Norden bis zum Osten:
Weltweit virologt am besten
Unser Virologe Drosten.

Söder? Bloß nicht! Laschet? Nein!
Laschet Drosten Kanzler sein!

DIE CORONA-LEHRE

Quarantänehäuser sprießen,
Ärzte, Betten überall,
Forscher forschen, Gelder fließen –
Politik mit Überschall.
Also hat sie klargestellt:
Wenn sie will, dann kann die Welt.

Also will sie nicht beenden
Das Krepieren in den Kriegen,
Das Verrecken vor den Stränden
Und dass Kinder schreiend liegen
In den Zelten, zitternd, nass.
Also will sie. Alles das.

CORONA ALS CHANCE

Schön war jedes Applaudieren
Aus den Fenstern, vom Balkon,
Schön wär auch ein Honorieren
Haushoch überm Mindestlohn.

Liebe Pfleger, liebe Schwestern,
Liebe Leute an den Kassen:
An euch hängt nicht erst seit gestern
Alles Wohl der Menschenmassen!

Legt ihr jetzt die Arbeit nieder,
Wäre Spahn wohl leicht verstört.
Also streikt! Und singt die Lieder!
Und ihr kriegt, was euch gehört.

TAG 250

Was haben wir uns angelacht!
Wie war das schön zu Hause!
Doch neuerdings, na ja, da macht
Die Schönheit auch mal Pause.

Die Frau guckt mich so komisch an.
Als würd sie gern verreisen.
Die Kinder lärmen! Irgendwann,
Da werd ich sie verspeisen.

Andauernd brüllen sie: »Ich will
Zurück in meine Schule!!«
Die Frau guckt komisch, weil ich still
In Ohr und Nase pule.

So klopft die Zeit das Weiche hart.
Wie sagen die Tibeter:
Fein ist die Liebe, sanft und zart,
Doch grob ist das Gezeter.

FUSSBALL-EM, OLYMPIA

Beide lässt das Virus kneifen,
Beide fallen einfach aus.
Lasst es uns als Chance begreifen:
Unser Leben kommt nach Haus.

Miteinander atmen, fühlen
Unterm Quarantänedach,
Zu uns finden, lesen, spielen
Mit den Allerliebsten, ach,

Ach, so sehr ich's Wir betone
Und in meiner Mitte bin:
Nein, das Leben hat auch ohne
Großsportfeste keinen Sinn.

HOME-OFFICE & DURST

Wir blicken mäuschenstill und stumm
Vor Frühstücksei und Toast
Im leeren Home-Office herum
Und suchen Halt und Trost –

Da sind sie ja! Halt finden wir
Im Trunk aus Geist und Beeren,
Der Trost entsteigt der Flasche Bier
Just dann, wenn wir sie leeren,

Und wer das Herz so früh beschwingt,
Den soll der Kopf nicht strafen:
Nur wer sein Pensum morgens trinkt,
Geht abends nüchtern schlafen.

WAS UNS DAS VIRUS SAGEN WILL

Dass dem wahren Glanz aus Innen
Falsches Außen nichtig ist
Und wir uns auf das besinnen,
Was im Tiefsten wichtig ist:

Dass der Mensch dem Mensch begegnet
Mit humaner Menschlichkeit
Und dem andern, wenn es regnet,
Einen Schirm schenkt oder leiht;
Dass ein gutes Miteinander
Liebe heißt, nicht Hass, nicht Gier;

Dass Baum, Sau und Salamander
Gleichen Rechtes sind wie wir;
Dass das Ich sein wahres Selber
Findet nur im Ich-und-Du
Und wir Kühen nicht die Kälber
Und die Milch stibitzen, buh –

All das will das Virus sagen.
Leider kann's nicht sprechen – grrr!
Und so bleiben letzte Fragen,
Wenn es stammelt: »Pff kzrrr.«

LOB DES HOCHFAHRENS
Ein offener Brief

»Das konnte nicht so weitergehn.
Man muss das Leben schätzen,
Doch ebenfalls die Wirtschaft sehn
Mit ihren Arbeitsplätzen.

Natürlich ist Gesundheit toll.
Doch Wirtschaft muss verkaufen!
Und sind die Straßen wieder voll,
Dann wird's auch wieder laufen.

Nun also! Wir erwarten Sie!
Bis dahin alles Gute,
Mit allerbesten Grüßen: die
Bestattungsinstitute«

ENDLICH WIEDER ARBEITEN

Fröhlich ruft der Wecker: Auf! Alsdann
Hüpf ich voller Leben aus den Kissen,
Frühstücke und dusche und fang an,
Jene Kissen fleißig zu vermissen.

Kraftvoll leg ich dort mich wieder hin,
Wo ich lag und nun bis Mittag bleibe.
Nach dem Mittag werd ich wach und bin
Hochgespannt, wohin die Fron mich treibe:

In die Haltung, die man aufrecht nennt?
Mit riskanten Muskularprozessen?
Zweimal nein. Nur wer im Liegen pennt,
Dehnt die Arbeit bis zum Abendessen.

Guter Wein fließt gradewegs ins Blut,
Gutes Brot macht alles Fleisch ermüden.
Und ich trink und esse, und es ruht
Tief in mir ein tiefer Seelenfrieden:

Nach dem Tag, der mühsam war und groß,
Darf ich mich erschöpft und glücklich legen,
Schließe meine Augen und schlaf los -
Einer langen, schweren Nacht entgegen.

MUNDSCHUTZ

Endlich müssen Mundschutz tragen
Kinder, Greise, Frau und Mann.
Wenig gibt es zu beklagen,
Weil man viel gewinnen kann:

Niemand muss mehr Zähne putzen,
Denn die Zähne sieht man nicht.
Auch der Bankraub weiß vom Nutzen
Allgemeiner Maskenpflicht.

In der Nacht fällt keine Spinne
Von der Decke in den Mund.
Und das Reden schärft die Sinne,
Doch auch Schweigen ist gesund.

KINNMASKENTRÄGER

Hell fällt das Licht der Pandemie
Auf Lügner und Ganoven.
Und traumhaft sicher scheidet sie
Die Klugen von den Doofen.

Die Doofen tragen Masken vor
Den Mündern und den Riechern.
Als wären die das Einfallstor
Von diesen Virenviechern.

Nur eine Trageart hat Sinn,
Und nur die Klugen checken:
Die Viecher krabbeln durch das Kinn.
Drum muss man es bedecken.

DIE MASKENBANDE

Hat das Bübchen Georg Nüßlein
Ethisch einen Sprung im Schüßlein,

Hofft man auch im Falle Löbel,
Dass sein Herrgott ihn vermöbel,

Denn im selben Zug verhauter
Dann auch Hautpmann, Spahn und Sauter –

Ach, man ruft ins Schwarze Loch:
Wie viel kommen denn da noch?

Aber halt: Hier reimt sich nichts!
Dies der Fehler des Gedichts:

Die CS/CD-Union
Reimt sich nicht auf Korruption.

STAND DER DINGE

Wenn der Umstand es erfordert
Und der Anstand es gebietet,
Weil der Gegenstand sonst tötet
Uns, die Jungen wie die Alten,
Ist's kein Widerstand, kein Aufstand,
Auf der Demo und am Wurststand
Keinen Abstand einzuhalten.

Sondern es bestrahlt den Notstand
Eines Kopfes, der im Leerstand
Weder Fairstand hat noch Verstand
Und in diesem, brrr, Erkalten,
Diesem tiefgefrornen Stillstand
Hilfe braucht und Rat und Beistand:
Maske auf! Und Hirn einschalten!

PAUSE

Das warme Halbjahr wundersam,
Der Herbst so maskenhaft und gram,
Und seltsam wird der Winter.

Wie menschenleer doch Pisten sind,
Wenn nirgendwo Touristen sind.
Da steckt Corona hinter.

Paar wenige verstreuen sich,
Die müden Gletscher freuen sich
Und schlafen und entspannen.

Kein Tiefschneewedeln, Carving und
Kein Grün, Blau, Rot und Ungesund.
Im Stillen stehn die Tannen.

CORONA-BESCHERUNG

Sie sitzen um den Baum, juchhei,
Und schnappen sich die Schnäppchen.

Der Sohn kriegt zehn FFP2,
Der Opa Handwaschläppchen,
Die Frau ein Fiebermessgerät,
Die Tochter was zum Föhnen,
Dazu ein Alltagsmaskenset
In Herbst- und Wintertönen,
Die Oma einen Reifrock zum
Bequemen Abstandhalten,
Der Mann ein Fass »Sterilium«:
Scotch, Glen, den reifen, alten.
Dann singen sie mit frommem Sinn
Ganz engelgleich harmonisch.

Nur einer hat's Geschenk schon drin.
Der singt ein bisschen komisch.

JENS SPAHN, IMPFGEGNER

Ohne Grau strahlt keine Buntheit,
Ohne Schwarz entzückt kein Rot,
Und Minister für Gesundheit
Helfen gerne auch dem Tod.

Viel zu wenig Dosen gibt es;
Die noch kommen, reichen nicht.
Diagnose: Bei ihm piept es
Oberhalb vom Angesicht.

Tadellos auch die Verzahnung
Feinster Ignoranz mit Wahn:
Jens ist stolz auf keine Ahnung,
Doch versagen will auch Spahn.

SUCHE IMPFSTOFF

Corona gibt es nicht? Na fein!
Dann gibt's auch keine Viren,
Und auch der Impfstoff muss nicht sein.
Idee: Ich nehme Ihren!

Denn impfberechtigt wären Sie?
Und glauben keinem Drosten?
Und pfeifen auf die Pandemie?
Sehr gut! Was soll's denn kosten?

Ich fahr mit Ihrem Ausweis hin
(Im Schminken schlag ich alle),
Sie sind fein raus, ich hab ihn drin –
Zehn Euro! Auf die Kralle!

DAS FAX

Es war einmal ein Stromgerät,
Das niemals funktionierte.
Und wenn mal doch, dann viel zu spät,
Vor allem wenn's pressierte.

Erst piepte es so oft und laut,
Dass deine Laune hin war,
Dann hat sich das Papier gestaut.
(Wenn überhaupt eins drin war.)

Fort ist die Zeit, der es entstammt!
So gäb es nix zu schimpfen,
Wär da nicht dein Gesundheitsamt:
Das lädt per Fax zum Impfen.

EINE FRAGE DIESER TAGE

Schlich sich gierend in mein Chillen
(Eben grad kam ich zur Ruh):
Warum lässt, um Gottes willen,
Gott die Mutationen zu?

Warum spricht er nicht: »Ihr Viren,
Lasset ab und bleibet gleich!
Wahrlich, die zu oft mutieren,
Kommen nicht ins Himmelreich.«

Ob er weiß, dass solches Reden
Hier per se verloren ist?
Weil nichts hört vom Garten Eden,
Welches ohne Ohren ist?

Ja, er weiß. – Und ohne Augen,
Ihn zu schauen, ungestalt,
Ohne Glieder, die was taugen,
Nur so Pjönkels. Viren halt!

All dies habe ich nach Stunden
Eben grad herausgefunden.

IMPFPFLICHT

»I« und »icht« sind schöne Silben,
Zierlich licht und zitrushell.
Aber hässlich wie die Milben
Sind die Silben mpf pfl.

Nimmt man alle vier zusammen,
Kommt die »Impfpflicht« da heraus.
Also ist sie zu verdammen:
Keine Impfpflicht! Ende! Aus!

Frei soll jeder Geist entscheiden:
Dämme ich die Seuchen ein?
Oder mag ich Seuchen leiden?
In dem Falle wäre fein:

Bangen Sie ums reine Karma!
Bangen Sie und schimpfen Sie!
Schimpfen Sie auf Arzt und Pharma!
Aber bitte: Impfen Sie.

Postrevolutionäre Lyrik
DAS CORONA- UND DAS TUNDRA-VIRUS

Viel Hunderte Millionen blieben krank
Und mittellos zurück, verwaist, zerschunden.
Der Impfstoff wurd bezahlt, gesucht, gefunden,
Doch die Lizenz versank in einem Schrank.

Der war aus Stahl, bewacht von Polizei
In Diensten jener Welt im Dienst der Beute
Letalen Kapitals und seiner Meute
Mit einem Büttel Spahn als Adabei.

Die Schränke zu und die Fabriken auf;
Proleten waren schließlich da, zu schuften.
So wuchsen Massengräber um die Gruften
Und nahm das Virus Lauf um Lauf um Lauf.

Die Impfstoffeigentümer taten das,
Was Wareneigner taten mit den Waren.
Verknappung hieß ein gängiges Verfahren.
Die Aktionäre hatten ihren Spaß:

Fast fünf Millionen Menschen waren tot,
Als die Corona-Höllenflut verebbte.
Die mörderische Erde überlebte
Dies Morden nicht: Der Globus wurde rot. -

Ein Jahr ist's her. Kein Frost lässt mehr gefrieren:
Die Tundra taut. Das Wollnashorn lag da,
Zigtausend Jahre jung, mit Haut und Haar
Und viel zu frischen pleistozänen Viren.

Der Impfstoff wurd bezahlt, gesucht, gefunden,
Da warn die Tage des Profits gezählt.
Sekündlich fliegt das Wissen um die Welt.
Die Staaten sind Akteure, keine Kunden.

Fast hunderttausend Menschen waren tot.
Paar arme Esel sah man Nasen rümpfen,
Und gegen Blödheit lässt sich nichts verimpfen,
Doch allen hilft das Weltnichtimpfverbot.

So siegt erneut windleicht und butterweich
Der Sozialimus im Systemvergleich.

FRÜHLING

Wenn die Lüfte lauer werden,
Süßer, linder, luftiglau
Und die Himmel blauer werden,
Immer himmelblauer, schau;

Wenn die bunten Wiesen sirren
Und durch Wiesen sirr und bunt
Frühlingsfrohe Wesen schwirren,
Bienen, Kinder, du, dein Hund

Und es gut und schön und wahr ist,
Blütenschön und sonnenklar,
Dass der Winter nicht mehr da ist,
Ist der Frühling wieder da:

Weite Fluren, dichte Grenzen
Und im blauen Band ein Riss
Vom Orkan der Inzidenzen.
Aller Frühling: ungewiss.

NACH CORONA

Einst steigt die Sonne neu empor,
Einst ist die schlimme Seuche um,
Einst lieg ich rot als wie zuvor
An traumhaft vollen Stränden rum.

Einst kommt der Tag, da sehne ich
Mich nicht mehr nach Kolleg:innen:
Da seh ich sie. Und sehne mich
Sofort nach möglichst wenigen
Und kauf zum Trost in jedem Shop
Fünfhunderttausend Teile.

Und auch die Partys: wieder top!
Ich LIEBE Langeweile.

CORONA FÖDERALIS

Söder will mit Weißbier impfen,
Dreyer macht's mit Pfälzer Wein,
Müller will mit Schwesig schimpfen,
Laschet brüllt: »Dat laschet sein!«,

Günther will den Kretschmann testen,
Weil sich Weil mit Kretschmer fetzt,
Bovenschulte fänd's am besten,
Wenn ihm Hans das Schüsschen setzt,

Bouffier faselt von Joint Venture,
Woidtke träumt von Maskenpfand,
Ramelow vermöbelt Tschentscher –
Deutschland, einig Vaterland.

KLEINER TROST

Noch mal im Seuchensommerhaus. Noch mal
Versinkt die Sonne nicht, auf dass sie steigen,
Die Feste der Gitarren und der Geigen,
Noch mal ein Sommerquar- als Jammertal:

Kein Lachen in der sinnlos sirren Luft
Der leeren ungeküssten Promenaden,
Wo Tränenströme brechen durch Fassaden
Und keine Noten klingen in dem Duft
Der Städte, die aus heißen Körpern sind,
Und keine Obertöne aus Parfümen.

Nur stiller Stein in früher ungestümen
Quartiers und Kellern. Und ein graues Kind
Mit blinden Augen weint am Straßenrand,
Und durch die Läden plündern die Banditen,
Denn über ihm verglühn Meteoriten,
Nur einer nicht. Der kracht ins kranke Land.

Und die Vulkane toben und die Flut,
Und das Magnetfeld pfeift auf Pol und Richtung,
Und Schwarze Löcher fressen Wald und Lichtung,
So schwindet alles. Und mit Ascheglut
Grundiert der Untergang sein Letztgedicht,
Planeten werden länglich wie Bananen,
Und von den Brücken fallen Eisenbahnen –
Nein, immerhin: So schrecklich wird es nicht.

ALLES FÜGT SICH

Doofe Seuche, doofe Worte,
Sperrig wie ein Stahlbottich,
Fern von Glück und Erdbeertorte.
Immerhin: Sie reimen sich.

Superspreader, »R«, Durchseuchung,
Covid-Skepsis, Seuchenleuchnung,
Hände waschen, Sars-CoV-2,
AHA-Formel, Pandemei,

Covidiot, Aerosole,
Hotspots, digitale Schole,
Quarantäne, Maskenpflicht,
Abstandsregel, Home-Officht,

Covid, Shutdown, Contact Tracing,
Social Distanc ...äh, Distacing,
7-Tage-Inzidenz,
Lockdown, Herdenimmunenz,

Risikogebiete, Cluster,
Lüften, Wadenwickel, Pflaster,
Exit, Tröpfcheninfektion,
Hos-pi-ta-li-sa-ti-on,

Alltagsmaske, Ellenbogen,
FFP, Mund-Nasen-Schutz -
Alles fügt sich, ungelogen,
Ganz harmonisch, bis zum Schlutz.

ORTE UND ZEITEN

CAMP MORIA, ZUM BEISPIEL

Das sind keine Kinder, wenn Kinder verderben
Lebendigen Leibes. Sie lachen nie.
Sie weinen, sie frieren. Gift nehmen sie.
Sie essen Waschmittel, um endlich zu sterben.

Das sind keine Eltern, wenn Eltern verlieren
Ihr Heute, ihr Morgen. Und den Verstand.
Kein einziges europäisches Land
Hilft all diesen Menschen, die dort vegetieren.

Nicht Tage sind alt diese Lager, nicht Wochen
Und Monate nicht. So leiden seit Jahren
Dort Elende, die einmal Lebende waren
Und liebten. Sie haben den Frühling gerochen.

Nun sind sie in Kälte und Krätze und Regen
Und Zelten, auf die sich der Virentod freut.
»Die westlichen Werte«: das Lied zum Geläut,
Zu dem sie sich bald zum Ersticken hinlegen.

CAMP MORIA: EIN NACHTRAG

Was brennt, ist nach dem Brand vorbei:
Es liegt verbrannt am Boden.
Zu dem Behufe gibt es zwei
Verschiedene Methoden.
Die eine kommt von der Natur:
Sie erdet heiße Blitze
In Dorf und Stadt und Wald und Flur;
Wahlweise Sonnenhitze.

Die andre praktizieren wir:
Wir können Feuer legen.
Und spricht auch alles oft dafür,
Spricht oft doch nix dagegen.
Ein Menschenlager etwa ist
Nicht gut fürs Seelenklima.
So ist sein Fortbestehen Mist,
Jedoch sein Ende prima.

Auch andre schlechte Sachen sind
Gemacht, um uns zu quälen.
Und weil ich es zum Lachen find,
Hier alle aufzuzählen
(Ford, Siemens, Benz und das & dies,
Jobcenter, Fernseh, Nestlé,
Gefängnisse und SUVs,
Prachtschlösser und -palästlé),

Verkürze ich: Ei, zündet an,
Ihr Kinder, Männer, Frauen!
Wenn etwas Schlechtes weg ist, kann
Man etwas Gutes bauen.

ABER FALLS AUCH SIE SICH FRAGEN

Warum die Zelte keinen Boden haben:
Weil das so richtig ist. Das muss so sein.
Wie anders kämen Fliegen, Zecken, Schaben
Und Schlangen leicht hinaus und leicht herein?

Weil Planen Plastik sind, aus Öl geschunden,
Und Plastik ist nicht jedes Menschen Bier.
Der Mensch ist seiner Erde gern verbunden,
Und erdverbunden liegt er nur auf ihr.

Weil nur die Lüfte süße Düfte tragen
Und keine Luft durch eine Zeltwand weht.
Weil Menschen über schlechte Raumluft klagen
Und gern im Winde sind, wenn er sich dreht.

Weil Menschen innen gern das Außen spüren,
Und dieses Außen ist unendlich alt:
Die Maien, die zu heißen Sommern führen,
Die Herbste herbstlich und die Winter kalt.

So wie das Wasser, das aus Wolken regnet
Und leben lässt, ein Glück, ganz rein und groß.
Damit es Menschen auch im Schlaf begegnet:
Darum sind diese Zelte bodenlos.

Und alle, die sie planen und entwerfen
Und abends in die warmen Betten gehn,
Die sollte man in solche Zelte werfen
Und zittern lassen, bis sie es verstehn.

MORIA 2: SIE SCHAFFEN DAS!

Sie lassen sie weinen und frieren,
Sie lassen sie fiebernd allein.
Sie schenken sie beißenden Tieren:
Sie lassen die Ratten hinein.

Die Älteren wachen und wissen:
Wer wach bleibt, schützt Bein und Gesicht.
Die Säuglinge werden gebissen,
Denn Säuglinge wissen das nicht.

Das Essen ist kalt und das Wasser
Zum Trinken und Waschen ist kalt.
Die Täter sind Mitmenschenhasser
Und Teufel in Menschengestalt.

In Deutschland gibt's etliche Städte,
Die holten die Opfer längst her,
Wenn einer dem zugestimmt hätte.
Der setzt auf den Frost und das Meer.

Verbrechen hat Anschrift und Namen:
H. Seehofer, Reichstag, Berlin.
Die Frierenden säßen im Warmen,
Statt länger im Elend zu knien.

Auch Merkel ist schuldig. Sie könnte
Den Unmenschen zwingen. Sie schläft.
Zwei kriminelle Elemente,
Komplizen im Tagesgeschäft.

Sie lassen die Opfer verderben.
Sie sind gegen Mitleid immun.
Dass Kinder sich wünschen zu sterben:
Sie schaffen das. Weil sie nichts tun.

Ein Tag Generalstreik würd zeigen:
Ein starker Arm schlägt Barbarei.
Doch auch die Gewerkschaften schweigen.
Am Arsch geht's auch ihnen vorbei.

ITALIEN

Kennst du das Land, wo die Zitronen blühn,
Im dunklen Laub die schwarzen Teufel glühn,
Ein Pestgestank aus morschen Mäulern weht,
Das Gute still und hoch das Böse steht,
Kennst du es wohl?
                       Dahin? Dahin
Musst du mit mir, o arme Mutter, ziehn?

Kennst du das Haus? Auf Lügen ruht sein Dach,
Es fault der Saal, es schimmelt das Gemach,
Und Menschenfeinde stehn und sehn mich an:
Was hast du uns, du fremdes Kind, getan?
Zurück ins Meer!
                     Fort, fort von hier!
Wir werden dich ersäufen wie ein Tier!

Kennst du den Kerl aus krankem Hirn und Herz?
Komm, stoßen wir Salvini höllenwärts!
Aus seiner Höhle zerren wir die Brut,
Dann stürzt der Spuk und über *ihn* die Flut:
Auf, auf zum Kampf!
                        Dahin! Dahin
Geht unser Weg! O Mutter, lass uns ziehn!

ALL DIES ERWOGEN, UND DOCH

Keine Höhen, kein Schweben:
Mein ebenes Leben
In diesem Landstrich zu dieser Zeit
Mit diesen Leuten.
Manch einer wär es schnell leid.
Doch mehr sind, die sich freuen:

Sie hätten Heizung, Bett, Bier und Brot.
Mir klebt nicht die Zunge am Gaumen,
Mir quetscht keine Schraube den Daumen,
Ich wache nicht auf mit dem Tod.
Man foltert und vergewaltigt mich nicht,
Niemand zieht mir die Haut vom Gesicht,
Ich sterb nicht in Libyen, Mexiko
Und den Tausenden Todeszonen.

Ich lebe. Im Bayrisch-Fränkischen. So.
Jetzt wisst ihr's. Nicht ich kam zu wohnen:
Es kam. Was ich damit sagen will:
Ohne Umsicht und kleinsten Bedacht
Zog ich hierher, eines Tags, im April.
Diesen Tag hat der Teufel gemacht.

ÖSTERREICH AUF IBIZA

Höchst bezaubernd diese Sache
Mit der falschen Russen-Venus:
Erst bezirzte sie Sepp Strache
Und den Ballermann Gudenus,
Die sich gaben wie Ganoven,
Weil sie's sind aus ganzem Herzen.

Kurz hielt lang zu diesen Doofen,
Aber hat nun plötzlich Schmerzen
Mit dem Pack und es am Wickl.
Doch es gibt zum Glück noch Hofer,
Der ist dicker als der Kickl
Und im Gegenzug noch doofer –

»Thomas Bernhard hätt geschossen«
Heißt ein Kabarettprogramm
Des sehr guten Georg Schramm,
Der hier irrt. Er hätt's genossen:
»Ach, mein liebes Österreich,
Ach, ich übergeb mich gleich.«

DIE FUSSBALL-WM IN KATAR

Kein guter Mensch muss Schlechtes gucken.
Wo Mörder auf die Leichen spucken,
Sind Fangesänge fehl am Platz
Und Spiele leicht zu boykottieren:
Die Qualifikation mit ihren
Zig Runden ist ein wahrer Schatz.

Der gute Mensch zählt nach und liebt es:
Zweihundertneun Partien gibt es
Allein auf unserm Kontinent!
Dann liest er: dass sie Spieler impfen
Statt Schüler:innen. Und sein Schimpfen
Schwillt an, er schaltet aus und flennt

Und bilanziert mit dickem Halsch:
»An diesem Sport ist alles falsch.«

Postrevolutionäre Lyrik
KRIEG DEN PALÄSTEN

Das haben alle gern gemacht,
Das traf die Stimmungslage.
Die Tage glitten in die Nacht,
Die Nächte in die Tage.

»Denn vieles, das von früher steht«,
So sangen die Gequälten,
»Ist wert, dass es zugrunde geht!«
Hier lest ihr, was sie wählten.*

Das Wagnerhaus hat man gesprengt
(Begründung: »ein Froschwanderweg ☺«),
Den Kölner Dom im Rhein versenkt
(Der Bischof so: »Ein Sakrileg!«),

Die Garnisonen warn entzwei,
Die Knäste, Ministerien ...
Recht viele Leute sind nun frei,
Und viele haben Ferien,

Und auch der Reichstag hat nun Sinn:
Im einstigen Arschgeigenhaus
Sind jetzt die Astronomen drin
Und gucken durch die Kuppel raus.

Den Toren fehlt das eine sehr,
Doch grad das eine war zu dumm.
Kein Brandenburger Tor läuft mehr
Ums Brandenburger Tor herum.

Das Schloss Bellevue? Ist abgebrannt,
Denn wenn es heute da noch ständ,
Stünd heut da nicht, groß, weltbekannt,
Das H. Gremliza-Monument.

Die Dresdner Frauenkirche kam
In späten Jahren groß heraus,
Dann stutzte sie ein starker Arm.
Nun sieht sie klein wie früher aus.

Beim Schloss Neuschwanstein der Befund
»Voll süß« bis »voll beschissen«.
Man wurde sich nicht einig und
So hat man's abgerissen.

*Natürlich handelt es sich um eine repräsentative Auswahl.
Insgesamt wurden etwa neuntausend Gebäude umgewidmet
bzw. vorsorglich weggehauen.*

AMAZONAS

Ich kann sprechen oder küssen
Wunderbar auch ohne Zunge.
Leuten, die Luft atmen müssen,
Geb ich gerne meine Lunge.

Meine Haut braucht keine Poren.
Ich verkaufe meinen Bauch,
Rücken, Hintern, Nase, Ohren
Und die Innereien auch.

Ohne Kehlkopf kann ich schlucken
Und kann ohne Beine rennen.
Ohne Augen kann ich gucken
Und ganz ohne Hirn erkennen:

Mein Skelett hält ohne Rippen,
Ohne Nahrung werd ich alt.
Und auch ohne Mund und Lippen
Pfeif ich auf den Regenwald.

DAS AUSLAND

Für Nazis ist es wirklich Mist:
Kaum krabbeln sie von hier aus
Nach dorthin, wo das Ausland ist,
Und kotzen dort das Bier aus,
Schon sind sie selber – Ausländer!
Und brülln zur Braut: »Ey, Schatzi!
Hier sind wir keine Arier,
Hier sind wir ... fremder Nazi!«
Und kriegen voll den Rassenhass
Auf sich und ihre Gene.
So ist das Ausland echt kein Spaß,
Zumal für eben jene.

OFFENBACH BEI FRANKFURT

Im Schatten einer Stadt im Schatten
Der großen Städte steht versteckt
Wie hinter doppelten Rabatten
Ein Städtchen, das sich reckt und streckt
So wie ein Kind nach einem lieben
Geliebten Mütterchen und weint,
Weil auf der Welt, so steht's geschrieben,
Im Schatten keine Sonne scheint.

Und auch das Mütterchen zeigt Größe
Allein im kleinen Sichgenug:
Die Geldtürmchen wie eine Blöße,
Ein Skylinelein aus Lug und Trug,
Deal und Gewalt und satten Ratten,
Kein Hongkong, kein New York. Ein Loch.
Im Schatten dieses Lochs im Schatten
Der großen Städte: Owweboch.

GEGEND

So manches Menschenrund ist stumm,
Weil kaum ein Mensch erregend.
So hockt man da und schweigt herum.
Zum Glück gibt es die Gegend.

Sie ist, was nicht aus Menschen ist,
Haus, Baum, Platz, Straße, Wiese,
Und ist das Rund mal wieder Mist,
Dann guckt man halt in diese.

Sie kann sogar ideenreich,
Und Gott verdient den Orden:
Oft ist die Gegend im Vergleich
Zum Mensch ganz gut geworden.

DER LETZTE ORT

Liebste, komm, fort, ins Exil,
Wo die Menschen noch nicht morden,
Und das ist kein leichtes Ziel,
Nicht der Süden, nicht der Norden,
Nicht der Osten, nicht der Westen,
Aber zwischendrin, halb links,
Soll ein Ort aus letzten Resten
Von Vernunft und Menschlich...dings ...

Liebste, komm, wie hieß das noch,
Als die Menschen Hände streckten?
Menschlichk ... das gab es doch,
Dass man Menschen, die verreckten,
Aus den Lagern, aus den Wellen
Hob und sie in Liebe barg?
Menschlichkeit, ja, danke. Stellen
Wir die Uhr, es kommt der Tag.

FÜR EIN NACHHALTIGES SILVESTER!

Feinstaub aus Böllern ist Klimagift,
Böller gehn hoch in den Händen,
Manche der User sind völlig bekifft:
Hilf diesen Missbrauch beenden!

Wein, Sekt und Bier haben Alkohol.
Alkohol schadet Organen.
Bleigießen schadet dem Atemwegswohl.
Auch vor Musik muss ich warnen:

Weltweit platzt täglich ein Trommelfell,
Weil es zu laut blöde findet.
Feuerwerkskörper sind häufig sehr hell.
Jemand ist fast mal erblindet.

Tanzen macht Arschkrebs, und wer sich küsst,
Steckt sich mit Aids an und Dengue.
Weil ihr Punkt zwölf alle draußen sein müsst,
Herrscht dort Punkt zwölf große Engue –

Spar dir den Unsinn und bleib im Haus!
Trink Tee und Soja statt Trester!
Rollladen runter, Mund zu und Licht aus:
Nachhaltig sei dein Silvester.

MEIN JAHR 2020

Bald ist auch dieses Jahr vergangen,
Und das geschieht auch ihm ganz recht.
Mit Lichtern hat es angefangen,
Mit halbwegs rosaroten Wangen,
Und wird dann leider doch schnell schlecht.

Der Januar hat früh verloren:
Australien liegt halbverbrannt.
In Leipzig wird ein Kind geboren
Mit langem Schwanz und Riesenohren.
Es ist zum Glück ein Elefant.

Ein Virus nähert sich von ferne.
In Thüringen stinkt Kemmerich.
Und CDU-Chef würden gerne:
Spahn, Röttgen, Laschet, der moderne
Blackrock-Uropa Merz und ich.

Im Februar war's noch zu orten,
Nun ist das Virus überall.
Im Märzen schleift es alle Pforten
Und ruft in schrillen wirren Worten:
»Hands up! This is a Überfall!«

Nun wird Olympia verschoben,
Und auch die FIFA schiebt – ach Gott.
Es sollen Dichter sich nicht loben,
Doch steh ich da gemeinhin oben!
Medaillenschwer! Mit Fußballpott!

April, April: Ich kann nur Kicker.
Mir kommt der Ausgangsstopp zupass:
Ich esse mehr und werde dicker,
Ich trinke mehr und werde schicker.
Allein der Wald kriegt kaum noch Nass.

Der Mai gedenkt der Weltkriegstoten.
Mein Liverpool sagt: Danke, Klopp!
Bunt blühen erste Covidioten,
Und Tiefstniveau wird unterboten
Von Minderpromis ohne Kopp.

Und fragst du, was ein Mensch bedeutet:
Der Fremdprolet nicht allzu viel.
Seit je hat Tönnies ausgebeutet.
Erst als die Seuchenglocke läutet,
Missbilligt man sein mieses Spiel.

Im Juli macht der Sommer Pause.
Doch Nazis sind in Polizei
Und Bundeswehr scheint's wie zu Hause.
Schlimm fleht auch der Moralbanause:
Geh, Bolsanaro! Geh entzwei!

Der Julisommer ist bescheiden,
August zu heiß und eine Qual.
Statt Bernie Sanders wird's Joe Biden.
Den kann die Welt nur mittel liden,
Doch bleibt der Welt ja keine Wahl.

Im blauen Mond September aalen
Sich dann die Pflaumen blau und weich,
Die Pflaumen in den Obstregalen,
Die Pflaumen in den Bundestagen,
Die Scheuers, ach, und wer noch gleich.

Und ein Oktober folgt September,
Der golden ist und rot und groß.
Aus grauen Wolken stürzt November.
Zwar kommt dann reimgerecht Dezember,
Doch bleibt die Strophe inhaltslos

Und so am Ende nix zu hoffen.
Denn die Moral von dem Gedicht:
Ob nüchtern, leicht, ob schwer besoffen,
Zweitausendzwanzig macht betroffen.
Zweitausendzwanzig bringt es nicht.

Auch flog der größte aller Geister
Herr Feuerstein gen Himmel, ach.
Fürs Klima war's ein Scheibenkleister,
Und Bayern wurd schon wieder Meister.
Mir reicht's. Finito. Guten Tach.

DAS NEUE JAHR

Wie schnell die Welt sich weiterdreht,
Wie volle Kraft ins Messer!
Und wenn es vorne abwärts geht,
Dann ist es hinten besser.

Das Kommende riecht nicht nach Glück,
So sollten wir's uns schenken.
Kommt, drehen wir die Uhr zurück!
Zeit, endlich umzuschwenken:

Nach dorthin, wo es besser war.
Zweitausendeins? Fünf? Sieben?
Kommt, pfeifen wir aufs neue Jahr,
Dann ist es bald vertrieben.

2021: REIM INS NEUE JAHR!

Ei, ich freu mich auf den letzten
Arbeitstag des Großen Lügners
Und die Einfahrt des Betrügers
In den Knast, den schwarz besetzten:
»Ach, wen haben wir denn da?«

Weil ich jung bin wie die Dinos:
Hey, ich freu mich auf die Spritze.
Und die hinternwarmen Sitze
Der Theater, Kneipen, Kinos.
Yeah, das wird doch wunderbar:

Wenn der Boxer Henry Maske
Nicht mehr Reimgott ist in Tagen,
Da wir vor dem Rausgehn fragen:
Schlüssel? Brille? Handy? Maske?
Maske?! Abstand?! Hahaha!

Ja, ich freu mich auf die Nasen
Und die Münder und die Wangen
Ebenso wie auf die langen
Ohren von dem Osterhasen.
Und auf seine Eier, klar.

Denn ich liebe Ostereier!
Ho, ich freu mich, sie zu knacken
Und in meinen Wanst zu packen!
Und meine Geburtstagsfeier!
(Am neunzehnten Januar.)

Das verrat ich, weil ich denke:
Wenn ich dies hier deutlich sage,
Hagelt es an jenem Tage
Ja vielleicht eins a Geschenke
Von den Leser:innen! Woah!

Und ich freu mich, wenn erkannt wird
Die Flachsinnigkeit des Flachsinns;
Dass das Spinnen gradsten Schwachsinns
Nicht mehr Querdenken genannt wird:
Gell, das packst du, neues Jahr?

Hallo Mai! Blüht auf, ihr Lilien!
Und fallt ab, ihr weltweit schlimmsten
Und brutalsten und saudümmsten
Autokraten in Brasilien
Und wo immer: Schleicht euch, bah!

Schön auch, dass Minister Scheuer
Doch vermutlich nicht am Hof bleibt,
Denn es wird ja seine Doofheit
Selbst der CSU zu teuer.
Und der Weltgeist ruft hurra.

Und ich freu mich wie so viele,
Die wie ich nicht immer licht sind,
Sondern gerne auch mal schlicht sind,
Auf normale Fußballspiele!
Fahnen, Bier, Gesänge, ahh!

Und ich freu mich aufs Verreisen!
All der lieben vielen andern!
Und mein Durch-die-Straßen-Wandern,
Die entleerten, himmlisch leisen.
Reist, ihr Lieben! Macht euch rar!

Auf das Steigen aller Löhne
Freu ich mich und auf das Fallen
Der Gehälter, die da wallen
Vorstandsweit ins stark Obszöne,
Schamlos Feiste, Ekle gar.

Denn ich freu mich auch auf Zeiten,
Die ich nicht erleben werde,
Da die Menschen ihre Erde
Tränken statt zuschandenreiten.
Ach, das wird was, wenn ich war.

Postrevolutionäre Lyrik
1. MAI – TAG DER ARBEIT

Seit sieben fetten Jahren sind vertrieben
Die Teufel jener Zeit. Die Welt ist gut.
Die Tiere atmen und die Menschen lieben,
Und allen nützt das bisschen, das man tut.

Doch weiß man noch, im Süden wie im Norden,
Von einer Nacht aus Qual und Barbarei,
Aus Krieg und Ketten, Konkurrenz und Morden
Und scheidet, so als wär es nicht vorbei,
An diesem Tag erneut in Herr und Knechte,
In Mann und Weib, Profit und Hungerlohn.
So bannt die neue Welt die alte schlechte
An diesem Tag der Arbeit und der Fron:

Man schleppt sich, wie auf wundgelaufnen Füßen,
Als ende Schlaf wie einst vorm Morgenrot,
Zu Häusern, die VW und Aldi hießen,
Und bittet dort um Luft, um etwas Brot
Und dass die Hetze nicht brutaler werde,
Auf dass sie bleibe, wie sie ist: brutal.
Mit lauter unterwürfiger Gebärde
Bekennen sie: Wir haben keine Wahl.

Doch auf dem Rückweg tanzen sie und lachen
Und feiern ihren Klassenkampfgewinn.
Und abends rutscht ein großes Liebemachen
Ins Morgenrot. Dann legen sie sich hin.

FRÜHER WAR ALLES BESSER

Früher klang Musik aus Grammophonen
Klar und voll, als säß man im Konzert.
Mägde durften ohne Heizung wohnen,
Und so fühlten sie, was sich gehört.

Früher wollten Seide nur die Reichen,
Denn der Arme rief: »Ich bin nicht so!«
Lieber schliefen er und seinesgleichen
Unter grobem Leinen oder Stroh.

Früher durfte man zu Boden schauen
Vor dem Pfarrer und dem General.
Früher taten kluge Ehefrauen,
Was ein dummer Ehemann befahl.

Früher gab es keine Langeweile,
Denn die Arbeit zog sich in die Nacht.
Nach ihr schlief man ein in Windeseile
Und ist eilig wieder aufgewacht.

Früher saß man sieben schöne Wochen
In der Kutsche von Berlin nach Kiel.
Früher haben Städte noch gerochen
Nach dem Stoff, der aus den Menschen fiel.

Früher war's am Flughafen noch leise,
Weil's nur wenige gen Himmel trieb.
Früher machten kluge Spitzenpreise,
Dass die breite Masse unten blieb.

Früher hießen Tiger Bettvorleger,
Und die Hexen wurden noch verbrannt.
Früher zogen Farbige als Neger-
Sklaven ins gelobte weiße Land.

Früher gab es nicht so viele Esser,
Denn die Erde war noch nicht so voll.
Früher war halt wirklich alles besser
Und zumal das Leben: einfach toll.

MEIN TAG. EINE WARNUNG

Ich wache auf und denk an die,
Die nicht mehr gern erwachen,
Ich lach dich an und denk an die,
Die längst schon nicht mehr lachen,
Ich lieg im Bett und denk an die,
Die auf dem Boden liegen,
Ich steh im Bad und denk an die,
Die fallen in den Kriegen,
Ich trinke Tee und denk an die,
Die schlechtes Wasser schöpfen,
Ich esse Brot und denk an die,
Die hungern vor den Töpfen,
Ich sitz am Tisch und denk an die,
Die schreien vor den Toren,
Ich schreib ein Wort und denk an die,
Denen die Hand erfroren,
Ich esse warm und denk an die,
Die kaltes Essen haben,
Ich bade heiß und denk an die,
Die in den Wellen starben,
Ich seh mein Kind und denk an die,
Die Stunden schreiend wunken,
Ich seh mein Kind und denk an die,
Die bleich sind und versunken,
Ich seh all das und denk an die,
Die das geschehen lassen,
Und sehe Sie. Ich kenne Sie:
Ich kriege Sie zu fassen.
Und nicht nur Sie. Ich seh auch die,
Die mit den Mördern dealen.

Ich kenn auch Sie. Ich warne Sie:
Ich mag nicht auf Sie zielen,

Doch wer mir so den Tag versaut,
Wird einst, ich schwöre, arg verhaut.

MEINE KLIMANEUTRALE WOCHE
Für Greta Thunberg

Samstags grille ich im Garten
Rind aus Argentinien.
Sonntags fliege ich zum Meeting
Unter Pisas Pinien.

Montags geb ich unsern Autos
Wachs und Unterbodenschutz.
Dienstag: amazonbestelltag.
Mittwochs Pool- und Saunaputz.

Donnerstags planier ich Frösche
Mit dem neuen Mountainbike.
Freitags fahr ich unsre Kinder
Mit dem Jeep zum Klimastreik.

ENDLICH WOCHENENDE

Am Wochenende machen wir,
Dass wir uns menschlich fühlen:
Frei träumen, wachen, lachen wir!
Wie fern sind alle Mühlen!

Nichts müssen, alles wollen wir!
Wie fern sind alle Ketten!
Frei leben, lieben, tollen wir
Durch Wälder, Städte, Betten!

(In echt sind Wochenenden Mist.
Wie soll, in Gottes Namen,
Was vorn und mittig hässlich ist,
Ein schönes Ende haben?)

VIER SOMMERGEDICHTE

Sommerurlaub

Eltern wirken mitgenommen,
Kinder rufen: »Mir ist flau!«
Bald sind alle angekommen:
Hundert Kilometer Stau.

Dann: der Süden! Sonne! Strände!
Vater hat die Lampe an.
Mutter löscht die Sonnenbrände,
Kinder trinken After Sun.

Alltagsstress kann sich verkümmeln!
Fern der Chef, die blöde Sau!
Brause saugen, Pommes mümmeln,
Baden, Packen, Fahren. Stau.

Sommerloch

Jahrzehntelang lag alle Not
Im Sommerloch darnieder:
Die Entenmutter geht bei Rot!
Die Ufos fliegen wieder!

Ein Krokodil im Baggersee!
Im SommerLoch Ness jagt was!
Vom Saufen tut die Birne weh!
Ein Hinterbänkler sagt was!

Versunken ist dies kleine Glück
Im Meer der Katastrophen.
Nein, ist es nicht! Es ist zurück:
Eins a gereimt, drei Strophen.

Sommerklimawandel

Es wollt zum frohen Wiedersehn
Das Kind zur alten Mutter gehn,
Doch lest, allwie es twittert:
»Der Weg führt durch die #Wälder, ach,
Dort blitzt es, ei, mit #Donnerkrach!
Kurzum, Mum: Es gewittert.«

Ein Jüngling wollt zum Mägdelein
Mit lieblich roten Röslein fein
Und whatsappt: »Es gewittert!
Da bleib ich besser, ach, mal hier
Bei Fußball, Chips & Flips & Bier.
Bevor mein Hemdchen knittert!«

Dies schrieb ich hin, damit du weißt,
Dass Sommer nun – Gewitter heißt.

Sommerzeit

Jahrzehnte währt die Hölle nun,
Und täglich schmerzt die Wunde.
Wieso wir nichts dagegen tun?
Die Antwort heißt: die Stunde.

Die Stunde, die der Mensch verliert
An Schlaf, indem er wach ist,
Ist haargenau so konzipiert,
Dass er zum »Nein« - zu schwach ist!

Gern reckte er, zum Kampf bereit,
Die Faust mit blecken Zähnen:
»Weg mit der doofen Sommerzeit!«
Doch leider muss er gähnen.

Ach, gäb's sie nicht: Dann würden wir
Ihr wachster Gegner sein!
So aber raubt sie dir und mir
Gezielt die Kraft zum »N ...« - chrrr

LIEBESLYRIK 2050

Ich währe nich gern deine Flanze
Unt wäre nich gärne dein Tir.
Ich lebte bei mir unt bei dir
Nur gerne alz Flo oder Wannze.
Nur sowas ferköstigen wir.

Wir ließn die Wälder ferdorren,
Die Kattze ist plat wie 1 Butt.
Die Welt is ein hauven aus Schutt
Und ganz durhceinannder ferworren.
Auch Rehctschraibehillfe is putt.

Unt doch wil ich ewich hir pleiben
Bei dier, wo di Lihbe begann.
Unt weil nur der Mänsch so wass kann,
So schöhne Gedihcte hinnshcreiben,
Bin ich vilvil liber dain – Man!

ABGEBEN KÖNNEN

Papa?
Ja, mein Kind?

Wenn ihr gestern demonstriert habt
Und euch heute arrangiert habt
Mit der Welt, die ihr versengt;

Wenn wir heute demonstrieren
Und uns morgen arrangieren
Mit der Welt, die Feuer fängt:

Dürfen diese Rettersachen
Also unsre Kinder machen?

Na wem sagst du das!

WENN DIE KINDER GEHEN

Kinder kommen, wenn man jung ist.
Die Natur ist halt nicht dumm.
Nur ein Körper, der in Schwung ist,
Fällt mit Kind im Arm nicht um.

Kinder gehen, wenn man alt ist.
Die Natur ist halt gemein.
Denn da dieses Gehen bald ist,
Scheine ich bald alt zu sein.

Alt sein aber heißt: Vergreisen.
Und Vergreisen heißt: mit dir
Kiffen, saufen, vögeln, reisen,
Demonstriern ... Ick freue mir!

SPÄTE ERKENNTNIS

Morgen, wenn die Alten tot sind,
Die da lieber tot als rot sind,
Morgen, wenn wir Jungen leben,
Morgen, heißa, wird's was geben,
Dacht er, als er jung und dumm war.

Als die dumme Jugend um war,
Sah er: Wenn die Jungen herrschen,
Wimmelt es von alten Ärschen
Über jungen Hälsen: Kinder-
Nazis, Mörder, Menschenschinder
Sind zu jeder Zeit zur Stelle:
Alter Dreck an neuen Schuhn.

Nicht das Morgen schließt die Hölle,
Nein, wir müssen's selber tun.

WEISE MÄNNER

Erst ist man klein und rücksichtslos
Vor Angst und schreit. Dann wird man groß
Und stark und wählt die Waffen:
Wie werde ich euch schaffen?

Wie kriege ich euch klein? Was zählt?
Kraft? Grausamkeit? Humor? Geist? Geld?
Man schaut sich um und passt sich an
Und schlägt dann zu, Mann gegen Mann.

Dann ist man was und kommt zurecht,
Denn manchen andern geht es schlecht:
Die Stellen sind vergeben.
Und Ruhe zieht ins Leben.

Man macht's den andern nicht mehr schwer:
Man hat's getan und muss nicht mehr.
Man führt nichts mehr im Schilde.
Das ist die Altersmilde.

DIE LETZTE REISE

Wenn ich dereinst gestorben bin
Und nicht mehr auf der Erden:
Wo geht die letzte Reise hin?
Was wird bloß aus mir werden?

Nimmt Gott mich in den Himmel auf?
Schickt Satan mich zur Hölle?
Ich fürchte sehr, ich käm schlecht drauf
In beiden dieser Fälle.

Denn beide sind ein Ego-Lurch,
Der nach den Seelen trachtet.
Ich hoffe sehr, ich flutsch so durch
Und sterbe unbeachtet.

MIT DEN JAHREN

Weil die Menschen mit den Jahren
Dicker werden, als sie waren,
Leben sie von Sport und Wind:
Dass sie wieder dünner sind.

Weil die Menschen mit den Jahren
Klüger werden, als sie waren,
Wählen sie den Mann, der spinnt:
Dass sie wieder dümmer sind.

Weil sie also mit den Jahren
Älter werden, als sie waren,
Machen Menschen sich ein Kind:
Dass sie wieder jünger sind.

ERNTE

Denn mählich naht nun jene Zeit,
Da ernt ich die Talente:
Da krabbeln Sie zur Fronarbeit,
Und ich bekomme Rente.

Und wird die meine auch nicht dick
(Sie achtet sehr auf die Figur),
So ist sie doch mein größtes Glück.
Für mich mit Mathe-Abitur
Geht diese Rechnung nämlich flott:
Wenn ich 'ne dicke Rente hätt,
Dann hätt ich ja, o Gott o Gott,
Vielleicht auch viel gearbeitätt!

Dann wär mein Leben ja verpfuscht
Und anstrengend gewesen!
Doch hab ich lieber tags geduscht
Und flog nachts zu den Tresen.

Dort war ich eine Ruhmgestalt!
Da kannt ich keine Schonung!
Und dafür krieg ich also bald
Nun endlich die Belohnung.

ENDE EINER LIEBE

Regen liebte Schnee und Schnee den Regen.
Ihre Liebe sollte ewig sein.
Doch die Zeiten waren strikt dagegen.
Erst starb Schnee. Und Regen war allein.

Und die weißen Wälder wurden grauer,
Und kein Schneemann schenkte Kindern Glück.
Und der Regen fiel in tiefer Trauer,
Und er zog sich immer mehr zurück.

Seine Tränen tropften auf die Dächer
Noch ein letztes Mal im Abendrot.
Unterm Mondlicht wurd er immer schwächer,
Und am Morgen war der Regen tot.

Und die letzten Wolken sah man winken
Ihm zum Abschied und der Menschenwelt.
Auch die Bäume sah man nie mehr trinken.
Ja, so war das. Ganz schön traurig, gelt?

WELTENDE
Für Jacob van Hoddis

Den Bürgern fliegt vom Kopf der Hut,
In Lüften hallt es wie Geschrei.
Die Kinder haben vogelfrei,
Und vor den Schulen steigt die Flut.

In Mittelerde stirbt der Lehm,
Die Wale sind ein gelber Sack,
Ein Tönnies frisst sein letztes Hack,
Die Tiere fallen aus dem Brehm,

Die Welt gibt sich den Gnadenstoß,
Was ziemlich für ihr Ende spricht.
Nuhr einer glaubt das alles nicht.
Der letzte Reim: pointenlos.

FALLS ES DOCH WEITERGEHT

Es sagen immer mehr und morgen alle.
Vielleicht gerät es doch in Fluss,
Wenn alle es verstehn:

Der Kapitalismus ist eine Falle,
Aus der die Welt entkommen muss,
Will sie nicht untergehn.

Falls es gelingt: Wie nennen wir das Neue?
Dass »Kommunismus« uns befreit,
Klingt falsch in manchem Ohr.

Wie nennen, dass es alle Herzen freue,
Wir diese bessre Welt und Zeit?
Ich schlage »Gsella« vor.

ENDLICH

Wären Wesen, wären Dinge,
Wäre Welt geräuschefrei:
Kein Gebrumme, kein Geklinge,
Kein Gewumme, kein Geschrei,
Kein Gelärme, kein Gekrache,
Kein Gerede, kein Gesang,
Kein Gehabe, kein Gemache,
Kein Gewerb, kein Kundenfang,
Kein Gelüge, kein Geschleime,
Kein Herr Gauland bei Frau Will,
Kein Gestrophe, kein Gereime,
Ach, dann wär es endlich st

NACHWORT

Ihre Gedichte sind meist sehr humorvoll. Ihr vielbeachtetes Gedicht »Die Corona-Lehre« ist hingegen sehr ernst. Warum?
In der Tat schreibe ich seit einiger Zeit auch ernste Gedichte. Das mag an der Welt liegen. Wenn sie zum Großteil von offenbaren Lügnern, Menschenfeinden und Massenmördern wie Trump, Bolsonaro oder Erdoğan beherrscht wird, meldet sich manchmal einfach keine Pointe. Welche Komik soll sich auch finden in diesen grauenhaften Menschenlagern nicht nur auf Lesbos. Deshalb also ist dieses Gedicht so ernst geworden, und ich war dann umso überraschter, als es plötzlich sehr bekannt wurde.

Wie erklären Sie sich, dass gerade dieses Gedicht so viel Aufmerksamkeit erhielt?
Vollmond? Erdstrahlen? Ich weiß es nicht. Manche meiner Gedichte sind ja vermutlich besser als dieses, denn es formuliert nicht mehr als eine Binsenweisheit: dass zur Herstellung von Elend tausendfach mehr Geld ausgegeben wird als zu seiner Linderung; und dass der Umgang mit Geflüchteten barbarisch ist, in unzähligen Fällen Tötung durch unterlassene Hilfeleistung. Das sieht und liest und weiß man. Darum war ich erstaunt über die Resonanz. Das Gedicht wurde zigtausendmal geteilt, kopiert, plakatiert, ins Englische und Niederländische übersetzt, von engagierten Gruppen verlesen usw. Auf meinem Grabstein wird stehen: »Er hat viel Lustiges geschrieben, / Doch nur ein Ernstes ist geblieben«.

Kann man mit Gedichten gegen die Ungerechtigkeit der Welt anschreiben?
Ja, aber man kann's genauso gut lassen. Manchmal denke ich, dass noch mein Klagen falsch ist, weil ich Geld bekomme für diese Gedichte und dadurch Komplize des Verbrechens werde, das ich beklage. Aber erstens brauch ich die Kohle, zweitens mag ich ja doch den einen oder anderen anschieben, etwas zu tun. Kritische Autoren sollten freilich besser nicht glauben, dass ihre Texte politisch spürbare Folgen haben. Im besten Fall erfreuen und trösten sie für einen Augenblick und erreichen aber nur die, die das ohnehin genauso sehen, sonst wohl niemanden, weder die Täter noch die Opfer.

Ist das nicht das Grundproblem der Satire? Man erreicht nur die in der eigenen Blase.
Vielleicht ist das andererseits gut so? Es wäre ja schrecklich, wenn ich von Nazis, Rassisten, Corona-Leugnern und anders Missratenen verschlungen würde. Aber zum Glück finde ich auch unter meinen Netzposts fast nur Kommentare von Leuten, die gedanklich und charakterlich intakt und integer sind, allesamt kluge, menschenfreundliche, mitleidende, also linke und antikapitalistische und zudem humorbegabte Leute. Eine überaus schöne Familie, die einzig denkbare schöne. Nach Adorno ist aller Humor abscheulich, nach meinen Beobachtungen sind aber grad die Abscheulichen humorlos. Was tun?

Das Thema wechseln. Ein Virus ist ein unsichtbarer Feind. Ist es schwierig, über eine Pandemie Satire zu machen?
Im Gegenteil, es ist leicht. Weil gerade alle von dieser Katastrophe betroffen sind und unter ihr zu leiden haben,

wenn auch auf unterschiedliche Weise: Die Menschen verzweifeln und sterben, während sich etwa um die Autos vorbildlich gekümmert wird. Bislang habe ich rund vierzig Gedichte zu Corona geschrieben, so viel wie zu kaum einem anderen Unglück. Viele Themen sind da zum Glück bedeutend kurzlebiger.

Wie hat die Pandemie denn Ihr Leben verändert?
Ich habe mit Schrecken festgestellt, dass ich schon vorher ein vollkommen pandemisches Leben geführt habe: Ich sitze zu Hause herum und schreibe. Nur die Biergartenbesuche fallen weg, und das ist tatsächlich schlimm. Da wird das Leben schnell sinnlos. Und Angst habe ich natürlich auch, denn mein Alter und meine Lunge gehören beide zur Risikogruppe.

Die gesellschaftliche Stimmung wandelt sich in der Tat gerade. Sie sind in dem Gedicht »Lob des Hochfahrens« darauf eingegangen. Wie erleben Sie das?
Ich bin beunruhigt. Aber der Sinn allen kapitalistischen Wirtschaftens ist halt nicht die Befriedigung von Bedürfnissen und die Verschönerung des Lebens, sondern die individuelle Bereicherung im Profit. Und wenn das Leben kostet – tja. Und wenn man die Leute immer wieder verfrüht in die Einkaufszonen treibt, zeigt man, dass die Würde des Umsatzes noch eine Spur unantastbarer ist als die des Menschen.

Sie leben in Bayern. Die Sympathiewerte von Markus Söder sind zuletzt gestiegen. Überrascht Sie das?
Es betrübt mich, und ich sage es ungern: Offenbar ist Söder nicht ganz so dumm, wie er jahrzehntelang tat. Ein

halbes Leben lang hat er keinen geraden Satz herausbekommen, aber nun lernt er offenbar sprechen und wird überhaupt recht gut beraten. Da sind viele im Moment viel unangenehmer. Die FDP sowieso oder dieser Armin »Laschet die Wirtschaftslobbyisten zu mir kommen!«. Aber natürlich muss man einen Kanzler Söder genauso stoppen wie damals seinen Lehrer Strauß. Schön ist, dass die AfD mal das Maul hält - oder besser hielt: Jetzt scheinen sich ihre Leute ja vermehrt an das neue Traumduo Xaver Neindu und Attila Pimmelmann dranzuhängen..

Solche Verschwörungstheorien machen gerade die Runde. Kann man über derlei Irrsinn Satire machen?
Leicht ist es nicht. Satire will durch Übertreibung kenntlich machen und braucht also einen Gegenstand, der einen wenn auch minimalen Sinngehalt repräsentiert. Diese sogenannten Verschwörungstheorien sind aber in der Tat völlig sinnlos, der reine Unfug, darum sind es auch keine Theorien, sondern Idiotien im Kostüm der Sprache, die sie beherrschen wie eine Möhre das Klavierspiel. Da stellen sich ausgewachsene Menschen hin und schreien, dass ein Herr Gates Kinder fresse oder Ziegen, keine Ahnung, ich schaue und höre dann ja immer gleich weg. Das alles ist leider vielviel zu doof für Satire. Trotzdem wünsche ich selbst Pimmelmann nicht, dass er an einer Seuche erkrankt, auch wenn ihm wohl nur dies die Chance auf Weiterbildung böte.

Vor kurzem gab es am Rande einer Demo einen Angriff auf Mitarbeiter der ZDF-Satirikesendung heute show. *Werden auch Sie bedroht?*
Nach dem Terrorangriff auf *Charlie Hebdo* hatte auch die *Titanic* eine Zeit lang Polizeischutz. Ich persönlich wurde

noch nie bedroht. Wenn ich über nazistische und islamistische und andere Menschenhasser schreibe, habe ich manchmal ein bisschen Angst und stärke mich mit der These, dass solche Leute vermutlich keine Gedichte lesen. Geschweige denn so lange Interviews!

Warum sind Gedichte Ihr Ausdrucksmittel der Wahl?
Sie machen weniger Arbeit als ein Roman. Mit 18 fing ich an mit ernsten und sehr hermetischen Gedichten. Dann kam die *Titanic* mit ihrer intelligenten Satire und den großartigen Gedichten von Robert Gernhardt, F.W. Bernstein, Pit Knorr, Simon Borowiak und anderen. Da war es um meinen dichterischen Ernst fürs Erste geschehen, weil ich sah, dass man die falsche Welt genauso gut und besser mit komischen Mitteln abbilden und ihr zu Leibe rücken kann.

Schreiben Sie auch ein bisschen gegen den schlechten Ruf der Lyrik an, sie sei unverständlich und elitär?
Ja, mit großem Vergnügen. Und natürlich muss ich meinen Vorbildern für ihre langjährige erfolgreiche Vorarbeit danken - obwohl komische Reimlyrik von manchen Kritiker:innen stur weiterhin als unechte Lyrik missverstanden wird und die echte doch bitte missverständlich sein möge. Das ist aber Quatsch. Es lebe das helle, schnelle und eingängige Gedicht!

(Aus einem Interview mit Anne Burgmer vom Kölner Stadt-Anzeiger, *Mai 2020)*

DANK

Ich danke den Redakteur:innen Dörte Drechsler, Mikael Krogerus, Tobias Schmitz, Tobias Schülert und Bernd Teichmann für vielerlei Anregungen und Kritik; ich danke dem Reimlexikon der Lyrikecke.de; und ich danke meinen drei Frauen, die nun schon seit vielen Jahren immer herzhaft lachen müssen, wenn ich ihnen neue Gedichte vorlese.

HINWEISE

Alle in diesem Band versammelten Gedichte entstanden zwischen 2016 und 2021 und erscheinen hier erstmals in Buchform. Wenige sind ungedruckt, viele wurden erstveröffentlicht im *Stern* und im Schweizer *Magazin*.
In der *F.A.Z.* erschienen »Die U-Bahn« und »Offenbach bei Frankfurt«.
»Der gute König« entstammt der *Frankfurter Rundschau*. Zuerst in der *junge Welt* und der *taz* standen »Die Einigen«, »Weg mit die da oben«, »Terror«, »Camp Moria, zum Beispiel«, »Wer darf mich übersetzen?«.
In der Zeitschrift *konkret* erstgedruckt wurden »Fünf Jahre neuer Weltbienentag«, »Die unschönen Wochen«, »Das Corona- und das Tundra-Virus«, »Krieg den Palästen« und »1. Mai – Tag der Arbeit«.
Für die Webseiten des Seenotrettungsvereins *Mission Lifeline* wurden geschrieben: »Töte mich, Mama«, »Warum sie wirklich zu uns kommen«, »Und falls auch Sie sich fragen«, »Moria II: Sie schaffen das«, »Mein Tag. Eine Warnung«, »Gesteuerte Zuwanderung«.
Für ARD-Radiosender gereimt wurden »Der Kompromiss« und »Früher war alles besser«.
Ebenfalls dem *Stern* verdanken sich die Langgedichte »Der kluge Schrubber«, »Brexit«, »So war 2020« und »So wird 2021«.
Den »Offenen Brief an den Mittelstand« und »Der Zeichnerin Hilke Raddatz zum 80.« veröffentlichte die *Titanic*, und das *ZEITmagazin* erstdruckte »Angesichts der Aliens für Demagogie (AfD): Leicht bleiben!«

REGISTER

1. Mai – Tag der Arbeit 197
2021: Reim ins neue Jahr 194

Aber falls auch Sie sich fragen 175
Abgeben können 209
All dies erwogen, und doch 179
Alles fügt sich 170
Alphabeten 11
Alternative I 53
Alternative II 54
Amazonas 184
An euch da oben 23
Andererseits: 24
Andreas Scheuer 43
Angesichts der Aliens für Demagogie (AfD): Leicht bleiben! 26
Apropos, Studierende! 19

Berater 41
Brexit 120

Camp Moria, zum Beispiel 173
Camp Moria: Ein Nachtrag 174
Carola Rackete 46
Christian Drosten, Virologe 144
Christian Lindner (Laie, FDP) 33
Corona als Chance 146
Corona-Bescherung 158
Corona Föderalis 168

Das Ausland 185
Das Auto 101
Das Corona- und das Tundra-Virus 164
Das Ende der Wohnungsnot 80
Das Fax 161
Das »Handy« 100
Das Klimapaket der Großen Koalition 111
Das Lastenrad 106
Das neue Jahr 193
Der Aktienkurs 94
Der Apotheker 35
Der FDP-Wähler 34
Der Fleiß der Dinge 70
Der Geständige 45
Der Golfstromausfall 117
Der gute König 66
Der kluge Schrubber 84
Der Kompromiss 140
Der Kopfhörer 107
Der letzte Ort 188

Der Stau 102
Der typische Thunberg-
  Beschimpfer packt aus 32
Der Wecker 126
Der Zeichnerin Hilke Raddatz
  zum 80. 58
Diätenwahn 96
Die Burkadebatte 22
Die Corona-Lehre 145
Die Deutsche Bahn 108
Die Einigen 15
Die Fußball-WM in Katar 181
Die Grünen 30
Die letzte Reise 213
Die Leute 217
Die Liebe oder Na geht doch 82
Die Maskenbande 155
Die Schrift 128
Die U-Bahn 109
Die »unschönen Wochen« 50
Doktorarbeiten 90
Dschungelcamp 122

Eine Frage dieser Tage 162
Eine kurze Geschichte
  des Lobbyismus 44
Eine neue Dinosaurierart 142
Einspruch! 13
Elektroautos 103
Elektroroller 104
Ende einer Liebe 216
Endlich 219

Endlich wieder arbeiten 152
Endlich Wochenende 203
Enteignung 81
Ernte 215
Erziehung heute 136

Facebook I 124
Facebook II 125
Falls es doch weitergeht 218
Flugscham 118
Friedrich Merz 63
Früher war alles besser 198
Frühling 166
Fünf Jahre neuer Weltbienen-
  tag 20
Funkloch Deutschland 98
Für ein nachhaltiges Silvester!
  189
Für ein Tempo-Minimum! 110
Fußball-EM, Olympia 148
Fußballspielabbruch 119

Gegen Mikroplastik 115
Gegend 187
Gegenwind 89
Gendern 18
Gesteuerte Zuwanderung 49

»Hausstaub« 113
Home-Office & Durst 149
Hymne auf die Virolog:innen
  143

Impfpflicht 163
Influencer 40
Instagram 123
Italien 178

Jens Spahn, Impfgegner 159
Joe Biden 60

Kampf der Kandidaten: Laschet oder Söder 65
Kinnmaskenträger 154
Kleiner Trost 169
Klimakompromiss 116
Kreuzfahrtschiffe 72
Krieg den Palästen 182

Letztes Angebot 17
Liebeslyrik 2050 208
Lob des Hochfahrens 151
Lumpensammler 52

Mein Jahr 2020 190
Mein Tag. Eine Warnung 200
Meine klimaneutrale Woche 202
Meine Meinung 14
Mietpreisbremse 86
Mit den Jahren 214
Mittelmeer 76
Moria 2: Sie schaffen das! 176
Mundschutz 153

Nach Corona 167
Nach dem Klick 71
Nach einem Toscanaurlaub 133
Nahauffahrer 42
Nationalstolz 73
Nichtstuer und Wastuer 16
Noch einmal: Wespen 139

Offenbach bei Frankfurt 186
Offener Brief an den Mittelstand 36
Ok: Boomer 39
Ordnung 87
Österreich auf Ibiza 180

Patent 105
Pause 157
Podcasts 99
Portugiesische Galeeren 135

Rechtspopulisten 28
Reform 112
Reimlose Lyrik 127
Renten 95
Resolution der Schwarzen in Trumps US-Militär 55

Schlafen 75
Scholz wird Kanzlerkandidat 62
Schulzeugnisse 91
Smartphone-Nutzer 38
Sommerklimawandel 206

Sommerloch 205
Sommerurlaub 204
Sommerzeit 207
Spam 97
Späte Erkenntnis 211
Spülmaschine 129
Stand der Dinge 156
Steuererklärung 92
Suche Impfstoff 160
System Error 31

Tag 250 147
Talkshows 74
Teilen 83
Terror 78
Testosterror 79
Thomas Kemmerich (AFDP Thüringen) 25
Til Schweiger 64
Töte mich, Mama 47

Utopie 88

Verschwörungstheorien 114
Vom Ende des Bargelds 93

Wahl 77
Wahlempfehlung 12
Warum sie wirklich zu uns kommen 48
Was uns das Virus sagen will 150
Was wirklich zählt 69
Weg mit die da oben! 29
Weise Männer 212
Weltende 217
Wenn die Kinder gehen 210
Wer darf mich übersetzen? 56
Wespen 138
Wir und es 134
Wunschgebet 68

Zurückgetretene 61

© Verlag Antje Kunstmann GmbH, München 2021
Coverbild: Ernst Kahl
Satz: Schuster & Junge, München
Druck und Bindung: Pustet, Regensburg
ISBN 978-3-95614-457-8